Julius Schnitzler

Zur Ätiologie der Cystitis

Julius Schnitzler

Zur Ätiologie der Cystitis

ISBN/EAN: 9783743337237

Hergestellt in Europa, USA, Kanada, Australien, Japan

Cover: Foto ©ninafisch / pixelio.de

Manufactured and distributed by brebook publishing software (www.brebook.com)

Julius Schnitzler

Zur Ätiologie der Cystitis

VON

DR JULIUS SCHNITZLER
ASSISTENT AN DER CHIRURGISCHEN KLINIK DES HOFRATH PROF. ALBERT.

AUS DEM INSTITUTE FÜR PATHOLOGISCHE HISTOLOGIE UND BAKTERIOLOGIE IN WIEN.

WIEN und LEIPZIG.
WILHELM BRAUMÜLLER
K. U. K. HOF- UND UNIVERSITÄTS-BUCHHÄNDLER.
1892.

Man hat wohl, seitdem das Krankheitsbild der Cystitis einer Beachtung gewürdigt wurde, eine gewisse Beziehung zwischen den Veränderungen des Harnes und der Beschaffenheit der Blasenschleimhaut angenommen. Doch hat über die Art dieser Beziehungen bis vor kurzer Zeit noch jede nähere Vorstellung gefehlt und auch heute kann sie noch nicht in jeder Hinsicht als geklärt bezeichnet werden. Die Differenzen in dieser Anschauung gingen so weit, dass die Einen die Zersetzung des Harnes als die Folge, die Anderen denselben Vorgang als die Ursache der Blasenentzündung auffassten. An ein wirkliches Studium dieser Verhältnisse konnte naturgemäss erst gedacht werden, als man über den einen Factor, über die Zersetzung des Harnes, zu einer bestimmten Vorstellung gelangt war. Vor fast einem Jahrhundert wurde dieser Schritt gethan, indem von Fourcroy und Vauquelin nachgewiesen wurde, dass die ammoniakalische Zersetzung des Harnes — und eben um diese handelt es sich ja in diesem Falle — durch die Zersetzung des Harnstoffes zu Stande komme. Der durch Pasteur gelieferte Nachweis, dass es Mikroorganismen sind, denen die ammoniakalische Harnstoffzersetzung zuzuschreiben ist, vermittelt den Uebergang zu dem zweiten Schritte, den wir Traube's berühmter Beobachtung verdanken, der zufolge bei einem Manne, in unmittelbarem Anschluss an eine Katheterisation, der bis dahin normale Harn eine eitrig-ammoniakalische Beschaffenheit annahm. Seitdem ist nun von vielen Forschern der Zusammenhang zwischen Infection des Blaseninhaltes und Entzündung der

Blasenwand zum Gegenstand eingehenden Studiums gemacht
worden. Als die letzte und inhaltreichste dieser Arbeiten erschien
vor zwei Jahren ein Werk des dänischen Chirurgen Thorkild
Rovsing,[1]) der zu den folgenden ganz bestimmten Schlusssätzen
gelangte. Zunächst, dass jede Blasenentzündung, abgesehen
von durch Medicamentenvergiftungen hervorgerufenen Irritationszuständen, durch Mikroben verursacht wird, 2. dass ausser
dem Hineingelangen der Mikroorganismen in die Blase noch
eine mechanische Läsion der Blasenschleimhaut oder eine
Retention des Urins hinzukommen müsse, um die Entstehung
der Cystitis zu ermöglichen. Die speciellen Eigenschaften der
in Betracht kommenden Bakterien gaben Rovsing das Substrat
zu einer Eintheilung der Cystitis. Zunächst muss jede Bakterienart, der wir die Schuld an der Entwicklung einer Cystitis zuschreiben wollen, nach Rovsing die Fähigkeit besitzen, Harnstoff in kohlensaures Ammoniak umzusetzen. Nur der Tuberkelbacillus sei im Stande, ohne Harnstoff zersetzende Eigenschaften
zu besitzen, eine eitrige Cystitis anzuregen. Daraus folgt der
diagnostische Schluss: Jede sauere eitrige Cystitis ist tuberculöser Natur. Die Harnstoff zersetzenden Bakterien können
nun weiterhin pyogen sein oder nicht; im ersteren Falle werden
sie eine eitrige, in letzterem eine katarrhalische, d. h. nach
Rovsing ammoniakalische aber nicht eitrige Cystitis erregen. Wenden wir uns nun den einzelnen in Betracht kommenden
Factoren zu, zunächst der Umwandlung des Harnstoffes in
kohlensaures Ammoniak. Nachdem man schon lange diesen
Vorgang der Wirkung eines Fermentes im weitesten Sinne des
Wortes zugeschrieben hatte, gelang es, wie schon erwähnt,
Pasteur 1860, in einwurfsfreier Weise nachzuweisen, dass das
in Betracht kommende Ferment ein organisirtes sei, d. h. dass
die Umwandlung des Harnstoffes in kohlensaures Ammoniak
Mikroorganismen zuzuschreiben sei. Pasteur selbst und später
van Tieghem beschrieben den ihrer Ansicht nach die Hauptrolle spielenden Mikroorganismus und zwar als einen zumeist

---

) Die Blasenentzündungen — ihre Aetiologie, Pathogenese und
Behandlung. Berlin, Hirschwald 1890.

in Kettenform auftretenden Coccus (Torule ammoniacale). Später beschrieb Cohn einen mit der gleichen Fähigkeit ausgestatteten Mikrococcus, dessen Verschiedenheit von dem Pasteur-van Tieghem'schen Rovsing besonders hervorhob. 1879 beschrieb Miquel einen Harnstoff zersetzenden Bacillus, 1881 publicirte v. Jaksch in der Zeitschrift für physiologische Chemie Studien über Bacterium ureae, deren chemischer Theil auch heute noch von Werth ist, während die bakteriologischen Befunde unseren jetzigen Kriterien nicht mehr entsprechen. Letzteres gilt auch von den Arbeiten Limbeck's[1]) und Billet's[2]). Vier Harnstoff zersetzende Arten beschrieben Leube und Graser[3]), und sind insoferne ihre Mittheilungen besonders werthvoll, als hier zum ersten Male die Koch'sche Methode bei Bearbeitung dieser Frage in Anwendung kam. Leube und Graser wiesen gleichzeitig mittelst einwandfreier Methoden nach, dass von den von ihnen gefundenen Bakterienarten keine ein lösliches Ferment producire, dem die Fähigkeit zukomme Harnstoff zu zersetzen. Es war dies eine Widerlegung der von Musculus[4]) aufgestellten Behauptung von der Existenz eines solchen Fermentes. Rovsing hat (l. c.) die Fehler in der Beweisführung von Musculus gebührend hervorgehoben; sie kann heute nicht mehr ernst genommen werden. Nur Miquel[5]) ist noch der Ansicht, dass Musculus das Vorhandensein eines löslichen Fermentes bewiesen habe (»démontré«). Dies kann uns wohl nicht Wunder nehmen, wenn wir lesen, dass Miquel zur Isolirung von Bacillen und Coccen in einer Flüssigkeit die Erhitzung der letzteren auf 60 bis 65 Grad anwendet, weil dann die Coccen zu Grunde gehen und nur die Bacillen lebensfähig bleiben sollen; wenn wir ferner (l. c.) zu hören bekommen, dass man behufs Prüfung einer Cultur einer Harnstoff zersetzenden Bakterienart auf ihre Reinheit am besten (nach Miquel) so verfährt, dass man mehrere Urine mit dieser

[1]) Prager medicinische Wochenschrift 1887.
[2]) Comptes rendues 1885.
[3]) Virchow's Archiv, Band 100.
[4]) Pflüger's Archiv, Band 12.
[5]) Annales de micrographie 1889 und 1890.

Cultur inficirt. Geht dann in allen inficirten Urinportionen die Zersetzung des Harnstoffes gleich rasch vor sich, so betrachtet Miquel die Cultur als rein; dazwischen lässt es Miquel an Ausfällen gegen die Koch'sche Methode nicht fehlen. Da ich die Methodik der Miquel'schen Untersuchungen als unzureichend bezeichnen muss, verzichte ich darauf, seine Resultate hier näher wiederzugeben, und begnüge mich mit der Angabe, dass er einige Harnstoff zersetzende Bakterienarten beschrieb und behauptet, ein lösliches Ferment aus ihnen gewonnen zu haben. Flügge[1]) beschreibt einen Harnstoff zersetzenden Micrococcus ureae liquefaciens, Rovsing (l. c.) macht uns mit einer Anzahl Harnstoff zersetzender Arten bekannt und constatirt zuerst die Fähigkeit, den Harnstoff zu zersetzen, an den pyogenen Staphylococcen[2]) und dem Bacillus pyocyaneus. Kürzlich hat Lundstroem[3]) zwei Harnstoff zersetzende Coccenarten aus cystitischem Urin isolirt. Endlich hat Krogius[4]) einen Harnstoff energisch zersetzenden Bacillus beschrieben, den er aus dem Urin von an Cystitis Erkrankten gewonnen hat. Ich will hier gleich jene Befunde einschalten, die aus cystitischem Urine gewonnene Bakterien betreffen, denen eine Harnstoff zersetzende Fähigkeit nicht zukommt. Zuvörderst ist hier Clado[5]) zu erwähnen. Er fand bei »Urinfieber« in der Milz zweier Kranker einen verflüssigenden Bacillus. Die mit demselben angestellten Thierversuche fielen negativ aus. Ferner gewann er aus cystitischem Urin in einer grossen Anzahl von Fällen einen (den Urin nicht zersetzenden) Bacillus, der auf Mäuse sowie auch auf Meerschweinchen und Kaninchen subcutan, in seröse Höhlen oder in die Blutbahn injicirt, meistens zum Tode des Versuchsthieres führte. Denselben Bacillus fanden und beschrieben Hallé und Albarran und zwar in 47 von 50 bakteriologisch

---

[1]) Die Mikroorganismen, 1887.
[2]) Der von Bumm 1886 (Verhdlg. d. Deutschen Gesellschaft f. Gynäkologie) aus acht Cystitiden gezüchtete Coccus ist nach Rovsing wahrscheinlich mit dem Stophylococcus pyog. aureus identisch.
[3]) Festschrift der Universität Helsingfors, 1890.
[4]) Comptes rendues hebdomad. de la société de Biologie à Paris Nr. 27, 1890.
[5]) Étude sur une bacterie septique de la vessie, Paris, Steinheil, und Bullet. de la société anatomique de Paris, 1887.

untersuchten Fällen von Cystitis. Sie fanden ihn ferner in 18 von 19 Pyelitiden, in 16 Fällen von Nephritis, und zwar 14mal als einzige Mikroorganismenart; sie fanden ihn endlich auch 8mal bei Sectionen im Blute, und zwar 6mal in Reincultur. Hallé und Albarran behaupten, dass nur selten bei »Urinkranken« diese Bakterienart vermisst wird. Dieselbe Art fanden Gennes und Hartmann[1]) sowohl im Urin als im Blute eines an Urinfieber (Cystitis nach Strictur) leidenden Kranken. Der erwähnte Bacillus, den Clado Bakterium septicum vesicae nennt, wurde von ihm zum Gegenstande einer ausführlichen Arbeit gemacht, in der jedoch über eine eventuelle Harnstoff zersetzende Eigenschaft desselben nichts zu finden ist, ausser der Angabe, dass er im Urin schlecht gedeiht und dessen Farbe und Durchsichtigkeit nicht verändert, Haushalter[2]) fand Clado's Bacillus bei einer idiopathischen Cystitis und stellte Versuche mit der gewonnenen Cultur an. Erst nach mehr als achttägiger Einwirkung macht der Bacillus den Urin alkalisch, niemals entsteht ammoniakalischer Geruch. Injection in die Harnblase erzeugte keine Cystitis, selbst wenn nachträglich die Urethra auf 12 Stunden ligirt wurde. Hingegen hat Clado selbst durch Injection seines Bacillus in die Blase und darauffolgende dreistündige Ligatur der Urethra bei einem Kaninchen eine erst nach acht Tagen in Heilung übergehende eitrige Cystitis hervorgerufen. Vier andere Versuchsthiere, denen Clado denselben Bacillus in die Blase injicirte, blieben gesund. Guyon[3]) hat durch Experimente festgestellt, dass die einfache Injection von pathogenen Bakterien (Staphylococcus aureus, Streptococcus pyogenes, Clado's Bacillus) in die Thierblase keine Cystitis hervorruft, zweitens, dass die einfache Ligatur der Urethra eine vollkommen bakterienfreie Harnstauung, Hyperämie und Ecchymosen der Schleimhaut der Harnwege bewirkt, dass aber drittens Injection pyogener Bakterien in die Blase und darauffolgende sechs Stunden andauernde Ligatur der Urethra ödematöse Anschwellung der

---

[1]) Bulletin de la société anatomique de Paris 1888.
[2]) Gazette hebdom. de médecine et de chirurgie 1891, Nr. 12.
[3]) Annal des maladies des organes génito-urinaires 1889, Nr 5.

Schleimhaut der Harnwege. 24stündige Ligatur der Urethra nach Injection pyogener Bakterien constant Cystitis erzeugt. In zweien seiner Versuche fand Guyon die injicirten Mikroben auch im Nierenbecken. Der schon erwähnte Bacillus, den Krogius (l. c.) gefunden hat, wurde von diesem in drei von zehn bakteriologisch untersuchten Urinen, die von Kranken »atteints d'affections diverses de l'appareil urinaire« stammten und die im Momente der Entleerung sauer waren, gezüchtet. Krogius nennt diesen Mikroorganismus »Urobacillus liquefaciens septicus«. Auf die Morphologie desselben muss ich später zurückkommen. Dass derselbe Harnstoff energisch zersetzt, habe ich bereits erwähnt, seine hohe pathogene Eigenschaft für Kaninchen, seine geringe für Meerschweinchen hat Krogius ebenfalls nachgewiesen. Injection in die Blase und 24stündige Ligatur der Urethra erzeugte bei einem Kaninchen eine eitrige Cystitis. Sowohl aus dem Urin als aus der Niere des Thieres wurde der Bacillus acht Tage nach der Injection gezüchtet. Eine Arbeit Doyen's[1]) konnte ich mir leider im Originale nicht zugänglich machen und kann daher nur angeben, dass Doyen 14 Mikroorganismenarten aus pathologischen Urinen gewann. Die zuletzt genannten Arbeiten konnten grösstentheils von Rovsing nicht berücksichtigt werden, da sie theils gleichzeitig, theils später als seine Untersuchungen publicirt wurden.[2]) Ich will hier noch einige ältere Arbeiten über dasselbe Thema erwähnen, die ebenfalls in der sonst mustergiltigen Literaturübersicht Rovsing's nicht erwähnt erscheinen. Im Jahre 1876 publicirte P. Dubelt[3]) Untersuchungen über die Entstehung des Blasenkatarrhes. Diese Versuche sind natürlich nicht mit jenen Cautelen unternommen, die wir heutzutage anzuwenden gelernt haben, und es genügt daher, die Resultate, zu denen Dubelt gelangt ist, kurz anzuführen. Es gelang ihm durch mechanische Reizung mittelst

---

[1]) Communication faite à l'académie de médecine le 2. Avril 1887.
[2]) Meine Literaturübersicht macht übrigens keinen Anspruch auf Vollständigkeit, vielmehr verweise ich, besonders in Bezug auf die älteren Arbeiten, auf Rovsing's Werk.
[3]) Archiv für experimentelle Pathologie und Pharmakologie, Band 5.

Katheters Cystitis hervorzurufen. Der Katheter war mit Kali hypermanganicum desinficirt. Injection von Luft in die Blase bewirkte keine Cystitis, wohl aber Injection von faulendem Blut. Verletzungen der Blasenschleimhaut mit darauffolgender Injection zersetzten Blutes bewirkten starke Cystitis, Injection zersetzten Harnes in die gesunde Blase erzeugt geringe, in die verletzte Blase heftige Cystitis. Bei drei Hunden erzeugte Dubelt durch Rückenmarkdurchschneidung Blasenlähmung. Eines der drei Thiere wurde nicht katheterisirt, die beiden Anderen schonend katheterisirt. Der nicht katheterisirte Hund blieb von Cystitis frei, während bei den anderen beiden Thieren Eiter im Harne auftrat. Auf die Erklärungsversuche Dubelt's brauchen wir nicht einzugehen, sie sind durch die neueren Forschungen gegenstandslos geworden. Petersen's[1]) Untersuchungen sind in ihrer Anlage denen Dubelt's ähnlich. Zunächst ergab eine 20stündige Ligatur der Urethra bei einem Hunde keine Eiterung in den Harnwegen. Der nach Abnahme der Ligatur entleerte Urin war sauer und enthielt nur wenige Epithelien. Injection von faulem Blut oder Fischjauche in die Hundsblase ergab meist nur geringe katarrhalische Reaction; in zwei Versuchen, in denen an diese Injection eine durch 26 Stunden fortgesetzte Ligatur der Urethra angeschlossen wurde, erfolgte eitrige Cystitis und gingen die Hunde nach einigen Tagen zu Grunde. Von den chemischen Substanzen, die Petersen zu seinen Versuchen verwendete, riefen Crotonöl, Schwefelsäure (50 Procent) und Aetzkali (5 Procent) starke Reaction (Blut- und Eiterzellen im Urin) hervor. Petersen kommt zu dem Schlusse, dass Injectionen »coccobakterienhaltiger« Flüssigkeiten in die Blase von Hunden Cystitis errege, und dass »coccobakterienhaltige« Flüssigkeiten intensiver wirken als »coccobakterienfreie«.

In einer Inaugural-Dissertation »zur Aetiologie des Blasenkatarrhes« (Berlin 1883) theilt Droysen Versuchsergebnisse über dasselbe Thema mit, aus denen hervorgeht, dass Erkältung

---

[1]) Experimentelle Studien zur Pathogenese und Therapie der Cystitis. Inaugural-Dissert. Dorpat 1874.

bei Hunden keine Cystitis hervorrufe, ebensowenig eine Injection von sterilisirtem Sand in die Blase. Hingegen gelang es Droysen durch Injection des Sedimentes eines (eitrig) cystitischen Harnes in die Blase, bei drei Hunden eine eitrige Blasenentzündung (sichergestellt durch Untersuchung der Blasenschleimhaut) zu erzeugen. Bemerkenswerth ist Droysen's Ausspruch: »Harnstauung allein macht keine Cystitis, ebensowenig wie eine eitrige Pyelitis durch Ureterenverschluss entsteht. Nimmt man aber zur Verschliessung einen septischen Ligaturfaden, so wird die Hydronephrose zu einer eitrigen Pyelitis.« Wir finden also hier schon sechs Jahre vor Guyon's oben erwähnter Arbeit die Thatsache constatirt, dass einfache Harnstauung keine Eiterung in den Harnwegen bewirkt. Uebrigens hat ja schon 1874 Petersen, wie erwähnt, den Versuch betreffs der einfachen Harnstauung mit dem gleichen Resultate angestellt. — Wenn wir uns nun wieder zu den Versuchen wenden, die mit Pasteur's »Torule ammoniacale« angestellt worden sind, so lauten die Resultate sehr verschieden. Feltz und Ritter[1]), Colin[2]) und Guiard[3]) konnten mit diesem Mikroorganismus unter Zuhilfenahme einer Retentio urinae nie Cystitis, nur vorübergehende Ammoniurie erzeugen. Einführung derselben Torulace und Ligatur der Urethra auf vier bis sechs Stunden erzeugen aber nach Lépine und Roux[4]) ammoniakalische Cystitis. Schliesslich wollen wir noch ein massgebendes klinisches Urtheil über die Beziehungen zwischen Cystitis und Ammoniurie anführen. v. Dittel[5]) unterscheidet drei Grade der Cystitis, deren zweiter und dritter durch reichliches Vorhandensein von kohlensaurem Ammoniak und Eiter, respective Gewebsfetzen charakterisirt sind. Der erste Grad ist jedoch nach v. Dittel dadurch gekennzeichnet, dass der sauer gelassene schleimhaltige Urin schon nach zwei Stunden neutral oder alkalisch wird, während bei Nieren- und Nierenbecken-Erkrankungen der Harn selbst bei Vor-

---

[1]) Comptes rendues 1883.
[2]) Bulletin de l' académie de médecine 1875, citirt nach Rovsing.
[3]) These de Paris 1873, citirt nach Rovsing.
[4]) Comptes rendues, Band 101.
[5]) Stricturen der Harnröhre, Deutsche Chirurgie, Band 49 (1880).

handensein beträchtlichen eitrigen Sedimentes noch nach Tagen sauer ist. Man ist nach v. Dittel in den meisten Fällen im Stande, mit dem Reagenspapiere allein die Differentialdiagnose zwischen Nieren- und Nierenbecken-Erkrankungen einerseits, Blasenerkrankungen andererseits, zu stellen.

Rovsing darf das Verdienst für sich in Anspruch nehmen, zum ersten Male den modernen Anforderungen entsprechend, systematische Untersuchungen über eine grosse Anzahl von Cystitisfällen durchgeführt und experimentell verwerthet zu haben, und wenn vielleicht auch nicht alle die Folgerungen, die er daraus zieht und die ich bereits citirt habe, als allgemein giltig sich herausstellen sollten, so hat er doch eben durch ihre strenge Fassung die betreffenden Fragen einer erspriesslichen Discussion zugänglich gemacht.

Meine Untersuchungen erstrecken sich auf 25 Fälle von Cystitis. In 24 dieser Fälle war der Urin entweder gleich bei der Entleerung aus der Blase ammoniakalisch, oder wurde es nach kurzer Zeit, höchstens einigen Stunden. Selbstverständlich wurde der unter allen Cautelen entnommene Urin unter Wattaverschluss gehalten, so dass die nachträgliche Entwicklung des kohlensauren Ammoniak, nur auf Rechnung der mit dem Urin bereits entleerten Bakterien und nicht auf etwa nachträglich hineingelangte bezogen werden kann. Der 25. Fall betraf eine eitrige Cystitis mit sauerem Harn. Auch nach langem Stehen wurde dieser Urin, der sehr viel Eiter enthielt, nicht ammoniakalisch. Er stammte von einem Manne mit Strictura urethrae, Cystitis und Epididymitis. Die Gewinnung des Urins erfolgte bei Frauen mittelst sterilisirten Glaskatheters, bei Männern zumeist mittelst sterilisirten Metallkatheters, in einigen Fällen auch durch directes Auffangen des per urethram spontan entleerten Urins in einem sterilen Gefässe mit Vermeidung der ersten Portionen. Ich halte die Resultate, die man auf letzterwähnte Weise erzielt, nicht für unbrauchbarer, als die auf die ersterwähnte Weise erzielten, doch muss selbstverständlich die bakteriologische Untersuchung des Urines der Entnahme sofort folgen. Nachdem uns der Reichthum der männlichen Harnröhre an Bakterien bekannt ist (Lustgarten und Mannaberg, Rovsing, Petit und Wassermann[1]), und nachdem wir wissen, dass eine vollkommene Desinfection der Urethra kaum möglich ist (Petit und Wassermann[2]), müssen wir damit rechnen, dass Urethralbakterien häufig in die zu untersuchenden Urine gelangen, denn auch der Katheter wird ja solche Mikroorganismen von der Urethra in die Blase befördern und damit denselben Nachtheil für unsere Zwecke hervorbringen, den wir bei Benützung des per urethram entleerten Urins in Kauf nehmen müssen. Die untersuchten 25 Fälle von Cystitis vertheilen sich der Aetiologie nach folgendermassen: 4 Fälle betreffen Cystitiden in Gefolge einer Urethralstrictur, 3 Fälle Cystitiden bei Blasenstein, 1 Fall eine Cystitis nach Perforation eines Uteruscarcinoms in die Blase. 13 Fälle sind als Cystitis im Gefolge von nur wenige Male ausgeführten Katheterisationen, bei sonst gesundem uro-poëtischen Apparat, zu betrachten, indem es sich hier um Leute handelt, bei denen im Anschluss an Operationen die willkürliche Urinentleerung temporär unmöglich geworden war, und bei 4 Fällen endlich ist die Aetiologie der Cystitis nicht genau eruirbar gewesen. Ferner beziehe ich in diese Arbeit noch einen Fall von partieller Blasenexstirpation und Urethralexstirpation, wegen Carcinoms der Urethra, indem sich in dem zurückgebliebenen Blasentheil eine heftige Entzündung etablirte.

Die bakteriologische Untersuchung dieser Fälle förderte verschiedene Bakterienarten zu Tage. 15 mal fand ich im cystitischen Urin nur je eine Bakterienart vertreten, ebenso in dem erwähnten Falle von Blasenexstirpation. 10 mal waren zwei oder mehr Arten vertreten. Was zunächst die Fälle betrifft, aus denen ich nur eine Art in Reincultur gewann, so fand ich 9 mal ($+$ 1 mal: Blasenexstirpation) einen Bacillus,

---

[1]) Annal. des mal. des org. génito-urin. 1891. IX-6. Cit. n. Ctrlbl. f. Chir. 1891. 44.

[2]) Annal. des mal. des org. génito-urin. 1891. IX-7. Cit. n. Ctrlbl. f. Chir. 1891. 44 P. und W. konnten selbst durch eine durch 30 Minuten fortgesetzte Durchspülung der Urethra mit (1—2 Liter) sterilisirtem Wasser, 4%/$_0$ Borsäure, 1%/$_{00}$ Höllensteinlösung keine wesentliche Verminderung der in der Urethra befindlichen Bakterien erzielen.

über den ich bereits im Jahre 1890[1]) vorläufig berichtet habe, 6mal andere Arten, und zwar 3mal ein und dieselbe, Gelatine nicht verflüssigende, Harnstoff zersetzende Coccenart, 1 mal eine Gelatine verflüssigende, Harnstoff zersetzende Coccenart, 1 mal einen Bacillus, der Harnstoff nicht zersetzt, und 1 mal einen Harnstoff zersetzenden, nicht verflüssigenden Bacillus. Die beiden letzterwähnten Arten habe ich sonst in keinem der untersuchten Fälle angetroffen. Den ersterwähnten Bacillus fand ich, abgesehen von den 9 Fällen, in welchen er in Reincultur vorhanden war, noch 7 mal in Gesellschaft anderer Arten, also im Ganzen 16, respective 17 mal. Den verflüssigenden Coccus fand ich noch 1 mal, und zwar in weitaus überwiegender Anzahl neben einer den Harnstoff nicht zersetzenden Bacillenart. Die nicht verflüssigende Coccenart, die ich in den drei erwähnten Fällen in Reincultur fand und welche Harnstoff zersetzende Eigenschaften besitzt, fand ich nur in diesen drei Fällen. Ich fand also in 23 Fällen Harnstoff zersetzende Arten, in den beiden anderen Fällen jedoch Harnstoff nicht zersetzende Arten, in Betreff deren ich nur angeben kann, dass sie nicht zu den bekannten pathogenen Arten gehören. Eine nähere Beschreibung dieser Arten zu geben halte ich für überflüssig, da ich mich zur Genüge überzeugen konnte, dass derartige Beschreibungen von Culturen doch nur einen sehr precären Werth haben, wenn nicht ganz besonders charakteristische Merkmale vorhanden sind. Dies war bei den hier in Rede stehenden Arten nicht der Fall und ich bin daher auch nicht in der Lage zu entscheiden, ob sie vielleicht mit einer oder der anderen harmlosen Bakterienart identisch sind, deren so zahlreiche in den letzten Jahren beschrieben wurden. Zunächst will ich noch einige Angaben machen betreffs der Fälle, die das Substrat meiner Untersuchungen bilden. Die vier Kranken mit Strictura urethrae waren auch schon ausserhalb des Spitals häufigen Katheterisationen unterzogen worden und litten drei von ihnen an ziemlich hochgradiger eitrig-ammoniakalischer Cystitis, der vierte an eitriger Cystitis mit saurem

---

[1]) Centralblatt für Bakteriologie. Band VIII. Nr. 25.

Harne, zwei ausserdem an Epididymitis, bei keinem dieser Kranken bestand zur Zeit der Untersuchung Urethritis. Der Urin des einen Falles ohne Epididymitis ergab das Vorhandensein des Bacillus, den ich, wie erwähnt, am häufigsten gefunden habe, in Reincultur. Der Urin des zweiten Falles (mit Epididymitis), dreimal zu verchiedenen Zeiten untersucht, ergab jedesmal das Vorhandensein desselben Bacillus in grosser Menge, daneben in geringerer Anzahl einen gasbildenden, nicht verflüssigenden, den Harnstoff nicht zersetzenden Bacillus, der seinem Verhalten nach mit dem von Eisenlohr[1]) und Klein[2]) bei Colpitis emphysematosa gefundenen Bacillus identisch sein dürfte. Das Aussehen der Bacillen und der Culturen stimmt mit der Beschreibung der genannten Autoren überein und auch das rasche Zugrundegehen auf den üblichen Nährböden war bei meinen Culturen, wie Eisenlohr und Klein dies von den ihrigen angaben, zu constatiren. Ich verzichte daher darauf, die Beschreibung der genannten Forscher zu wiederholen, und will nur als weiteres Charakteristicum, wenn auch negativer Art, das Fehlen Harnstoff zersetzender Eigenschaften anführen. Bei dem dritten Stricturkranken (mit Epididymitis) fand ich im Urin einen Harnstoff zersetzenden. nicht verflüssigenden Bacillus in Reincultur, über den ich nähere Angaben später folgen lasse. Der Stricturkranke mit dem saueren eitrigen Urin liess im Urine Coccen, jedoch keine Tuberkelbacillen finden, bot auch klinisch keine Anhaltspunkte für Tuberculose dar. Von den drei Steinkranken hatten zwei eine ziemlich hochgradige eitrige Cystitis, der dritte nur wenig Eiter und ziemlich viel Blut im Urin, alle drei Urine waren ammoniakalisch, respective wurden es nach mehrstündigem Stehen unter aseptischen Cautelen. In den beiden durch reichlichen Eitergehalt ausgezeichneten Fällen fand ich wieder den mehrerwähnten verflüssigenden Bacillus, und zwar einmal in Reincultur. Im dritten Falle einen verflüssigenden, Harnstoff zersetzenden, dem Staphylococcus albus morphologisch und

---

[1]) Ziegler-Nauwerck 1888. III. Band.
[2]) Centralblatt für Gynäkologie. 1891. Nr. 31.

culturell sehr ähnlichen, im Thierexperimente jedoch als weder pyogen (subcutan), noch pathogen (intravenös, intraperitoneal) sich erweisenden Coccus in Reincultur. In jenem Cystitisfalle (bei Stein), in dem der erwähnte Bacillus nicht in Reincultur vorhanden war, fand sich neben ihm in geringerer Anzahl ein Coccus, der culturell und morphologisch der Schilderung des Mikrococcus ureae, wie sie uns Leube (l. c.) gibt, entspricht und durch die Eigenschaft ausgezeichnet ist, in Jaksch'scher Nährlösung, nicht aber in sterilisirtem Urin, aus dem Harnstoff kohlensaures Ammoniak zu produciren. In dem Falle nach Perforation eines Uteruscarcinoms in die Blase konnte ich einen Harnstoff zersetzenden, Gelatine consumirenden Coccus isoliren, den ich fernerhin noch in zwei Fällen von Katheterisations-Cystitis — bei sonst gesundem uro-poëtischen Apparat — in Reincultur fand. In den anderen elf Fällen von Katheterisations-Cystitis war neunmal, darunter sechsmal in Reincultur, der mir so häufig begegnende verflüssigende Bacillus zugegen, einmal der schon erwähnte staphylococcusähnliche Mikroorganismus in Reincultur und im elften Falle (eitrige Cystitis, Urin nach mehrstündigem Stehen ammoniakalisch) konnte ich nur einen Bacillus aus dem Harn züchten, dem Harnstoff zersetzende Eigenschaften fehlten; den Erreger der Harnstoffzersetzung konnte ich in diesem Falle nicht auffinden. In drei Fällen waren neben dem erwähnten verflüssigenden und zersetzenden Bacillus Coccen zu finden, und zwar zweimal den Harnstoff nicht zersetzende, einmal die schon erwähnte, Leube's Mikrococcus ureae so ähnliche Art, endlich war in einem von den vier Cystitisfällen, deren Aetiologie klinisch nicht eruirbar war, wieder der schon öfters erwähnte verflüssigende Bacillus in Reincultur vorhanden, in einem anderen der erwähnte staphylococcusähnliche Mikrococcus. Dass in dem Falle von particller Blasenextirpation wegen Urethralcarcinom der aus dem Blasenrest entleerte eitrig ammoniakalische Urin den schon oft erwähnten verflüssigenden Bacillus in Reincultur enthielt, wurde bereits erwähnt. Der auf bereits geschilderte Art und Weise gewonnene Urin wurde zur Anlegung von Gelatine- und Agarplatten benützt, von den Platten die Reinculturen gewonnen und diese zu den weiteren Untersuchungen verwendet. Zur Prüfung auf Harnstoff zersetzende Eigenschaften verwendete ich zuerst Jaksch'sche Nährlösung, die ja den unleugbaren Vortheil besitzt, dass das etwa entwickelte Ammoniak nur von dem zersetzten Harnstoff herrühren kann, während im Urin kleinere Mengen Ammoniaks auch aus den anderen stickstoffhaltigen Bestandtheilen desselben entwickelt sein könnten, die Entwicklung von kohlensaurem Ammoniak an und für sich daher noch kein absoluter Beweis für erfolgte Harnstoffzersetzung sein kann. Aber dies gilt doch nur für geringere Mengen, grössere Mengen kohlensauren Ammoniaks können im sonst normalen Harn nur aus dem Harnstoff stammen und ich habe mich daher bald der Prüfung an der Jaksch'schen Nährlösung ab- und der am Harn zugewandt, und zwar aus denselben Gründen, die auch Rovsing zur Benützung letzterer Methodik veranlassten, nämlich wegen der Vermuthung, dass ja doch vielleicht eine oder die andere Bakterienart sich im Urin und in Jaksch'scher Nährlösung in Bezug auf die Harnstoffzersetzung ganz different verhalten könne. In der That habe ich nun eine Coccenart gefunden, die in Jaksch'scher Nährlösung, wie auch im Urin sich enorm rasch vermehrt, dabei in der Jaksch'schen Flüssigkeit bald deutlich nachweisbare Mengen Ammoniaks erzeugt, während die Entwicklung desselben im Urine ausbleibt. Die Ursache dieser verschiedenen Verhältnisse kann ich mit Bestimmtheit nicht angeben. Nicht undenkbar erscheint es mir, dass dieser Coccus vielleicht im Urin eine andere ihm leichter assimilirbare stickstoffhaltige Nahrung benützt und den Harnstoff nicht angreift, während ihm in der Jaksch'schen Lösung eben keine andere Stickstoffkost geboten wird. Der Umstand, dass dieser Coccus dem Leube-Graser'schen Mikrococcus ureae der Beschreibung nach so ähnlich ist, zwingt auch mich zur Mahnung, die Versuchsergebnisse Leube's in Bezug auf die Lehre von der Cystitis mit der bereits von Rovsing gebotenen Reserve aufzunehmen, wenn auch einerseits eine Identität der beiden in Rede stehenden Arten vorderhand nicht bewiesen wurde, andererseits auch Leube in seiner

Arbeit keine über den Rahmen seiner Experimente hinausgehenden Schlüsse gezogen hat.

Mit der Frage nach der Existenz eines von den betreffenden Mikroorganismen gelieferten löslichen Fermentes, dem die Eigenschaft, Harnstoff zu zersetzen, zukommen sollte, habe ich mich nicht beschäftigt, da sie mir durch die negativen Ergebnisse der exact ausgeführten Versuche Leube-Graser's und Rovsing's gelöst erscheint und ich die zu entgegengesetzten Resultaten gelangte Arbeit Miquel's nicht als einwandfrei ansehen kann.[1]) Nur mit wenigen Versuchen wollte ich mich darüber orientiren, ob die Fähigkeit, aus Harnstoff kohlensaures Ammoniak zu erzeugen, nicht einer Function der betreffenden Mikroorganismen entspricht, den aus dem Nährmedium aufgenommenen Stickstoff in der Form von Ammoniak auszuscheiden. Der Umstand, dass bei diesen Versuchen — hier verwendete ich Jaksch'sche Nährlösung, der ich verschiedene stickstoffhaltige Substanzen, unter anderen Salpeter, Salmiak, Pepton, in Control-Eprouvetten selbstverständlich Harnstoff) zugesetzt hatte, — nur aus den harnstoffhaltigen Medien grössere Quantitäten Ammoniak entwickelt wurden, aus den mit anderen stickstoffhaltigen Substanzen versetzten keine nachweisbaren Mengen, bringt mir die Ueberzeugung bei, dass wir das Recht haben, von einer specifischen, Harnstoff zersetzenden Eigenschaft der betreffenden Mikroben zu sprechen.

Es ist wieder Rovsing's grosses Verdienst, zuerst auf die wesentliche Bedeutung hingewiesen zu haben, welche die Frage von der Anaërobiose der Mikroorganismen für die Lehre von der Cystitis hat, da normaler Weise freier Sauerstoff in der Harnblase sich nicht findet. Während Rovsing deshalb die von ihm bei Cystitis gefundenen Mikroorganismen in hoch geschichtetem Agar züchtete, um ihre anaërobiotische Natur nachzuweisen, habe ich auch noch betreffs des Bacillus, der mir am häufigsten in den von mir untersuchten Cystitisfällen

---

[1]) Dass Schotten (Analyse des Harnes 1888) und Hammarsten (Physiologische Chemie 1891) noch das Ferment von Musculus als bewiesen betrachten, ist recht sonderbar

begegnete, festgestellt, dass er im ausgekochten Urin auch unter einer sechs Centimeter hohen Schichte sterilisirten Oeles, also bei fast vollkommenem Sauerstoffabschluss, Harnstoff intensiv zersetzt.

Wenn ich oben betonte, dass grössere Mengen Ammoniak im sonst normalen Harn nur vom Harnstoff herrühren können, so hatte ich die Möglichkeit im Auge, dass im abnorm beschaffenen Urin eventuell noch andere Quellen für ausgiebige Ammoniakproduction vorhanden sein könnten. Da bei der Eiweissfäulniss Ammoniak producirt wird, so könnte ja bei einer jauchigen Cystitis das Ammoniak doch auch zum Theile den nekrotischen Gewebsfetzen und überhaupt dem Eiweissgehalte des Urins seinen Ursprung zu verdanken, und so — rein theoretisch betrachtet — eine Cystitis mit ammoniakalischem Urin bestehen, ohne dass Bakterien im Urin vorhanden wären, die die Fähigkeit besässen, den Harnstoff zu zersetzen. Auf diesen Gedanken könnte man auch durch Leube's Bemerkung geführt werden, dass der Proteus Hauser, der Fäulnissbacillus κατ' ἐξοχήν, Harnstoff nicht zersetzt, doch entspricht diese Angabe Leube's den thatsächlichen Verhältnissen nicht, denn wie ich weiter unten ausführen werde, ist jener Harnstoff zersetzende Bacillus, den ich in einer so grossen Anzahl von Cystitisfällen gefunden habe, und der den Harnstoff so energisch zersetzt, mit dem Proteus Hauser identisch. Der Annahme, dass ohne Ferment, durch das Blasenepithel, Eiter oder Blut die Harngährung eingeleitet werden könne, wie dies unter anderem Gubler[1]) angibt, wird wohl heute niemand beipflichten, und so muss man denn zu dem Schlusse gelangen, dass in jedem ammoniakalischen Urin eine oder mehrere Harnstoff zersetzende Bakterienarten zu finden sein müssen.

Damit eine Harnstoff zersetzende Art in der Blase einen ammoniakalischen Urin erzeugen könne, muss sie, abgesehen von der Fähigkeit, anaërobiotisch zu vegetiren, zu den rasch zersetzenden Arten zählen. Man findet nämlich weit-

---

[1]) Comptes rendues 1874, citirt nach Dubelt.

gehende Unterschiede in der Intensität, respective der Raschheit der Harnstoff zersetzenden Fähigkeit der Bakterien, Unterschiede so evidenten Grades, dass zur Constatirung derselben keine feineren Untersuchungsmethoden nöthig sind.[1]) Eine Bakterienart, die den Urin erst nach dreitägigem Wachsthum ammoniakalisch macht, kann für die Entstehung einer Harnzersetzung in der Blase wohl kaum je in Betracht kommen. Ganz anders jene Arten, die schon innerhalb weniger Stunden den Urin intensiv ammoniakalissh machen und selbstverständlich schon innerhalb noch kürzerer Zeit Zersetzung geringeren Grades im Urin zu Stande gebracht haben. So wie wir für die Raschheit des Wachsthums der Bakterien uns zum Vergleiche gewisse Arten bestimmt haben und andere Arten als schnell, respective langsam wachsend bezeichnen und uns mit diesen relativen Werthen ganz gut behelfen, so wäre es vielleicht auch zweckmässig, eine Bakterienart als diejenige zu bezeichnen, deren Harnstoff-Zersetzungsvermögen wir als Ausgangspunkt zum Vergleiche mit anderen Arten wählen könnten. Am geeignetsten wäre hiezu wohl der Staphylococcus pyogenes aureus. Rovsing, der dessen Harnstoff zersetzende Fähigkeit zuerst constatirt hat, gibt an, schon nach sechs Stunden die Folgen der Einwirkung des Staphylococcus aureus auf den Urin (Bläuung des Lackmuspapieres) gefunden zu haben. Ich habe dieselbe regelmässig erst nach 18 bis 24 Stunden Wachsthum in sterilisirtem Urin bei 37 Grad constatiren können, immerhin zeigen die Culturen des Staphylococcus pyogenes aureus eine genügende Constanz in Bezug auf die Harnstoffzersetzung, indem dieselbe nach 24 Stunden stets nachweisbar ist, um sie zum Vergleiche mit anderen Arten benützen zu können.[2])

---

[1]) Meine Probe auf Entwicklung kohlensauren Ammoniaks bestand bei Anwendung der Jaksch'schen Lösung in Prüfung mit Nessler'schem Reagens, bei Anwendung von Urin in der Prüfung durch darüberhängendes angefeuchtetes Lackmuspapier.

[2]) Nicht unerwähnt will ich lassen, dass ich bei einem Kinde, das an Pyämie nach Kiefernekrose litt, den Krankheitsprocess übrigens überlebte, aus drei metastatischen Abscessen einen morphologisch, culturell und im Thierexperimente wie Staphylococcus aureus sich verhaltenden Coccus züchtete, dem jedoch die Fähigkeit abging, Harnstoff zu zersetzen; auch starben die Culturen auffallend rasch, auf Agar schon nach sieben Wochen, ab.

Die Frage, ob ein in die Blase gelangtes Bakterium den Urin rasch zersetzt, ist für die vorliegende Frage von derselben Bedeutung, wie die Frage nach der mehr oder weniger raschen Vermehrung, respective Stoffwechselbildung der exquisit pathogenen Mikroorganismen für die Lehre von den betreffenden Krankheiten. Es führt uns diese Erwägung zu der Frage, in welcher Weise wir uns die Betheiligung der Harnretention an dem Zustandekommen der Cystitis in den Versuchen Guyon's und Rovsing's vorzustellen haben. Guyon hat festgestellt, dass die einfache (aseptische) Harnstauung Hyperämie und Ecchymosirung der Schleimhäute der Harnwege hervorbringt, dass andererseits einfache Injection pyogener Mikroorganismen in die gesunde Blase keinerlei Reaction veranlasst, wie dies auch von Rovsing bestätigt wurde. Da nun, wie die übereinstimmenden Versuche Guyon's und Rovsing's ergeben haben, die Summirung der beiden genannten Schädlichkeiten eine eitrige Cystitis hervorruft, so können wir annehmen, dass entweder die genannten Veränderungen der Schleimhaut bei der Harnstauung erst die Infectionsfähigkeit (locale Disposition) ergeben, oder dass die betreffenden Mikroorganismen auf irgend eine Weise so lange in der Blase zurückgehalten werden müssen, um so hochgradige Veränderungen im Urin zu erzeugen, dass hiedurch bereits die Cystitis veranlasst werden kann. Ich halte wohl beide Alternativen für möglich, die zweiterwähnte jedoch für die in der menschlichen Pathologie weit häufiger in Betracht kommende. Wollte man nämlich die zuerst erwähnte Möglichkeit acceptiren, so müsste man ja annehmen, dass zum Zustandekommen der eitrigen Cystitis stets so hochgradige anatomische Veränderungen der Schleimhaut präexistiren müssten, wie sie Guyon in seinen Thierversuchen gefunden, die aber den Effect einer so lange dauernden Harnretention repräsentiren, wie sie beim Menschen wohl vorkommt, jedoch nur in einem verschwindend kleinen Procentsatz jener Fälle, in denen wir eine eitrige Cystitis vorfinden. Der Begriff der Retentio urinae in dem Sinne der Unmöglichkeit der activen Urinentleerung ist wohl ein absoluter und eindeutiger, so weit es sich eben nur um den physiologischen Vorgang handelt;

wird aber die willkürliche Harnentleerung durch Kunsthilfe ersetzt, so besteht eigentlich eine Retentio urinae ohne Urinretention, und es bedürfte erst noch eines stricten Beweises dafür, dass eine solche Harnblase von vornherein infectiösen Erkrankungen nicht nur mehr ausgesetzt, sondern auch leichter zugänglich ist. Eine Frau, die nach irgend einer Operation für mehrere Tage die Fähigkeit verloren hat, spontan zu uriniren und nun in regelmässigen, fünfstündigen Intervallen katheterisirt wird, steht in Bezug auf die Harnentleerung und in Hinsicht auf die uns interessirende Frage einem normalen Menschen viel näher, als z. B. ein Strictur- oder Prostatakranker mit Residualharn, und eine solche Frau darf, wenn sie an Cystitis erkrankt, sicher nicht als Beweis dafür angeführt werden, dass eine Urinretention als Hilfsmoment für die Entstehung der Cystitis unentbehrlich sei. Eben jene Fälle von Cystitis, die ich bei Frauen, welche in mehrstündigen Intervallen wegen reflectorischer Harnverhaltung katheterisirt wurden, entstehen sah, befestigten in mir die Ueberzeugung, dass bei einem Menschen zur Entwicklung einer Blasenentzündung eine Urinretention im Sinne der Versuche Guyon's und Rovsing's nicht unbedingt nothwendig sei. Die Frage spitzt sich schliesslich betreffs jeder einzelnen Bakterienart dahin zu, ob dieselbe in dem Zeitraume, der normaler Weise zwischen zwei Harnentleerungen beim Menschen liegt, bereits so hochgradige Urinveränderungen hervorzurufen im Stande ist, dass Cystitis entstehen kann, oder ob hiezu ein längerer Zeitraum nothwendig ist, in welchem Falle noch ein zweites Moment (Retention, Residualharn) fördernd hinzukommen müsste. Eine Laesio continui wird hauptsächlich dort angenommen werden müssen, wo eine phlegmonöse Cystitis sich entwickelt hat. Es handelt sich also meiner Ansicht nach bei Erörterung dieser Beziehungen mehr um quantitative als um qualitative Differenzen.

Die Frage, ob nicht der Harn, der sich im Zustande beginnender Zersetzung befindet, die Blase zu frühzeitiger Entleerung reflectorisch veranlasst, so dass also dem Entstehen der Cystitis gewisse physiologische Hindernisse gesetzt wären, muss wohl dahin beantwortet werden, dass erst sehr hochgradige qualitative Veränderungen des Blaseninhaltes einen Reiz auf deren Schleimhaut ausüben.[1]) In Folge dessen können also gewisse Bakterien in der Blase ihre zersetzende Fähigkeit während des mehrstündigen normalen Intervalles zwischen zwei Mictionen entfalten, ohne dass eine durch ihre Wirksamkeit ausgelöste Urinentleerung sie wenigstens zum Theile wieder hinausbefördert.[2]) Für die meisten Harnstoff zersetzenden Bakterien, die wir bisher kennen, ist dieses Intervall wohl zu kurz, um eine intensive Zersetzung des Urins zu bewirken, ganz abgesehen davon, dass wir durch die Untersuchungen von Lehmann und Richter[3]) wissen, dass der menschliche Harn bakterientödtend wirkt, eine Eigenschaft, die dem zu Versuchen benützten sterilisirten Harn abgeht.

Das Absterben eines Theiles der Bakterien durch den Einfluss des Urins, das Hinausbefördertwerden eines anderen Theiles derselben durch den Harnstrahl, ehe wesentliche Zersetzungen eingetreten sind, das sind die Factoren, in Folge deren die Einführung von Bakterien in die Blase zumeist keine üblen Folgen nach sich zieht.

Es handelt sich nun weiterhin darum, festzustellen, ob die Einwirkung des zersetzten Harnes auf die Blasenschleimhaut genügt, um eine Cystitis hervorzurufen oder ob sie nur den Mikroorganismen den Eintritt in die Gewebe der Blasenwand ermöglicht und erst hierauf die Entzündung der letzteren auftreten kann. Wie bereits erwähnt, hat Rovsing die katarrhalische und die eitrige Cystitis von einander unterschieden und die erstere als die durch den Einfluss des ammoniakalisch zersetzten Urins auf die Blasenwand, die letztere als die durch das Eindringen pyogener Bakterien in die durch den ammoniakalischen Urin veränderte Blasen-

---

[1]) Güterbock, Chirurgische Krankheiten der Harnorgane, 1890, Seite 472.

[2]) v. Dittel, »Fremdkörper in der Blase« (Wiener klinische Wochenschrift, 1891), zieht diese Thatsache ebenfalls in Betracht.

[3]) Centralblatt für Bakteriologie 1890, VII, 15 und Centralblatt für Chirurgie 1891, Nr. 23.

schleimhaut veranlasste definirt. Eine derartige strenge Scheidung zweier verschiedener Formen der Blasenentzündung ist mir bei meinen Thierversuchen nicht gelungen. Dass das kohlensaure Ammoniak für die Blasenschleimhaut nicht indifferent ist, geht schon daraus hervor, dass ein ammoniakalischer Urin niemals frei von Formelementen ist. Es sind ihm stets mehr oder weniger Epithelien und Eiterkörperchen beigemengt. In einigen Versuchen, die ich in der Weise vornahm, dass ich 2 bis 4 cm^3 2 bis 3% kohlensauren Ammoniaks in die Kaninchenblase injicirte, zeigte der Urin der Versuchsthiere in den nächsten Tagen eine geringe Beimengung von Eiterkörperchen. In Erwägung des Umstandes, dass die eingespritzte Lösung selbstverständlich in der Blase noch weiter verdünnt wird und nur eine ganz kurze Zeit auf die Schleimhaut einwirken konnte, war wohl eine energischere Reaction und ein unzweideutiges Resultat der Versuche nicht zu erwarten. Fürbringer[1] leugnet, dass jemals, selbst bei den leichtesten Formen von Cystitis, Eiter vermisst werde. (Traube[2]) leugnet die Existenz eines »Blasenkatarrhs«, d. h. einer Blasenerkrankung mit reiner Absonderung von Schleim ohne Eiter, und Cohnheim[3] pflichtet ihm bei.) Weiterhin haben mir Versuche mit Einspritzung Harnstoff zersetzender, nicht pyogener Bakterien in die Blase mit darauffolgender bis 24stündiger Ligatur der Urethra bei Kaninchen heftige ammoniakalische Cystitis mit reichlichem Eitergehalt ergeben. Hier stehen meine Versuchsergebnisse mit denen Rovsing's in Widerspruch, da er durch Injection nicht pyogener, Harnstoff zersetzender Bakterien in die Blase und darauffolgende Urethralligatur stets eine nicht eitrige Cystitis erzeugte. Eine solche, resp. eine geringe Beimengung von Epithelien und granulirten Zellen zum Urin konnte ich nur durch einfache Urethralligatur, ohne Bakterien-Injection, also bei nicht ammoniakalischem Urin erzielen. Ich bemerke, dass ich nur einen solchen Versuch einfacher Ure-

---

[1] Die inneren Krankheiten der Harn- und Geschlechtsorgane, Seite 352.
[2] Gesammelte Abhandlg. III., pag. 11.
[3] Allg. Pathologie 1882. II., pag. 419.

thralligatur ausgeführt habe, weil mir die übereinstimmenden Versuche Guyon's und Rovsing's hier vollkommen genügten. Uebrigens muss ich erwähnen, dass Rovsing[1]) in zweien seiner Fälle von katarrhalischer Cystitis (Nr. 6 und Nr. 27) das Vorhandensein von (wenigen) Eiterkörperchen angibt und dass im Falle Nr. 20 Rovsing's, der als katarrhalische Cystitis figurirt, bei der Section die Blasenschleimhaut an einigen Stellen flach ulcerirt und mit graubraunen diphtheritischen Häutchen belegt gefunden wurde; dabei wurde in den drei erwähnten Fällen stets ein Harnstoff zersetzender und kein pyogener Mikroorganismus im Harne gefunden. Rovsing hätte sich bei der Unterscheidung der katarrhalischen und eitrigen Cystitis eventuell auch auf v. Dittel's früher erwähnte Angaben berufen können, obwohl ich dieselben auch in meinem Sinne deuten zu dürfen glaube. Denn es handelte sich in den Fällen von Cystitis (erster Grad nach v. Dittel), die durch den reichlichen Schleimgehalt ausgezeichnet waren, um solche, in denen der Harn nicht sofort nach Entleerung, sondern erst nach Stunden ammoniakalisch war (ein Verhalten, das auch in vielen Fällen Rovsing's und meiner Beobachtungsreihe zutrifft), so dass ja hiernach keine volle Entfaltung der Wirksamkeit der betreffenden Mikroorganismen eingetreten war, insbesondere die Einwirkung des kohlensauren Ammoniak auf die Blasenwand noch gar nicht begonnen hatte. Dass auf diesen ersten Grad so leicht der zweite, durch Eitergehalt des Urins ausgezeichnete, folgen kann, lässt wohl den Wahrscheinlichkeitsschluss zu, dass häufig nicht andere Krankheitserreger hinzukamen, sondern nur Umstände, welche die Wirksamkeit der bereits vorhandenen Krankheitserreger steigern konnten, diese Umwandlung bewirkten.

Wir wissen ja, dass chemische Reize auf die Schleimhäute energische Wirkungen auszuüben im Stande sind und dass z. B. durch Canthariden sehr häufig Cystitis hervorgerufen werden kann. Wir wissen, dass die Eiterung durch chemische Producte hervorgerufen wird, beim Menschen fast ausnahmslos

---

[1]) l. c.

durch die Stoffwechselproducte bestimmter Bakterienarten. Damit diese Producte sich jedoch in genügender Menge bilden können, müssen bei der Eiterung innerhalb des Gewebes Bakterien in dasselbe eindringen, denen die Fähigkeit zukommt, sich in dem betreffenden Organismus zu vermehren, die also infectiös im Sinne der gangbaren Definition sind. Vollkommen analog diesen anerkannten Beziehungen wären auch die Verhältnisse bei der eitrigen Cystitis nach Rovsing's Auffassung. Doch scheint mir hier noch eine andere Anschauung zulässig zu sein. Im Blaseninhalte können sich Bakterien vermehren und ihre zersetzende Wirksamkeit entfalten, die nicht zu den pathogenen Bakterien im engeren Sinne gezählt werden, und dieselben könnten durch ihre Zersetzungsproducte eine eitrige Cystitis erregen, ohne dass sie im Stande wären, sich innerhalb des Gewebes zu vermehren und pyogen im eigentlichen Sinne des Wortes zu sein. Wenn der Inhalt eines Höhlenorganes, also der Urin oder der Darminhalt abnormen Zersetzungsvorgängen unterliegt, so können sich chemische Producte bilden, deren pyogene Wirkung auf die betreffende Schleimhaut durch den einfachen Contact oder durch die Resorption zur Geltung kommen kann, ohne dass die Mikroorganismen in das Gewebe eindringen müssten, welche die abnorme Zersetzung bewirkt haben. Der zersetzte Harn wird auf die Blasenschleimhaut im Sinne einer Entzündungserregung einwirken und es wird von der Art der entwickelten Zersetzungsproducte abhängen, ob die Menge der an die Oberfläche tretenden Eiterkörperchen grösser oder geringer ist. Bezüglich des uns hier zunächst interessirenden Stoffwechselproductes, des Ammoniaks, ist die Frage nach seinen Eiterung erregenden Fähigkeiten noch strittig[1]). Aber mich bewegen die Versuche, die ich mit einem für Kaninchen nicht pyogenen, aber Harnstoff zersetzenden Coccus unternommen habe, zur Annahme, dass auch Bakterien, die nicht als pyogen im eigentlichen Sinne des Wortes gelten können, unter bestimmten Umständen eine eitrige

---

[1]) Grawitz schreibt dem Ammoniak pyogene Fähigkeiten zu, Steinhaus leugnet sie.

Cystitis hervorrufen können. Man wird ja doch nur in jenen Fällen auf die direct pyogene Fähigkeit der im cystitischen Urin gefundenen Mikroorganismen recurriren müssen, in denen sich ausgesprochene phlegmonöse Veränderungen in der Blasenwand nachweisen lassen. In jenen Fällen, wo bei eitriger Cystitis mikroskopisch nur geringe Veränderungen in der Blasenwand nachweisbar sind, wo gröbere interstitielle Veränderungen fehlen, werden wohl auch die eventuell vorhandenen pyogenen Mikroorganismen nur in ihrer Eigenschaft als Harnzersetzer gewirkt haben. Auch ich erkenne wie Rovsing den wesentlich verschiedenen Charakter einer Cystitis an, je nachdem die veranlassenden Bakterien ihre pathogenen Eigenschaften in der Blasenwand selbst entfalten oder durch ihre Harn zersetzenden Eigenschaften mittelbar auf die Blasenwand einwirken. Hingegen bezweifle ich den von Rovsing aufgestellten Satz, dass sich das betreffende Verhalten stets aus dem Urin werde erkennen lassen. Niemals werden durch nicht pyogene Bakterien weitgehende Abscedirungen in der Blasenwand entstehen. Dass aber ohne das Eindringen von Eitermikroben in die Blasenwand niemals Eiterkörperchen aus der Blasenschleimhaut in den Harn übergehen sollten, das kann ich nach meinen Versuchsergebnissen nicht annehmen.

Ich habe bis nun nur der Harnstoff zersetzenden Bakterien in ihren Beziehungen zur Cystitis gedacht, muss mich aber nunmehr auch der Frage zuwenden, ob nicht auch dem Harnstoff gegenüber sich indifferent verhaltenden Mikroorganismen bei der Blasenentzündung eine Rolle zukommen kann. Rovsing hat als einzigen den Harnstoff nicht zersetzenden, aber für die Pathologie der Blase in Betracht kommenden Mikroorganismus den Tuberkelbacillus bezeichnet, so dass sich der diagnostische Schluss ergeben würde, jede eitrige Cystitis mit saurem Harn sei tuberculöser Natur. Zunächst muss hier bemerkt werden, dass zur exacten Bestimmung einer sauren Cystitis es wohl nothwendig erscheint, den Urin aseptisch aufzufangen und einige Stunden lang unter allen Cautelen gegen secundäre Verunreinigung aufzubewahren, da ja die Entwicklung des kohlensauren Ammoniaks, wie wir bereits gehört, oft erst stundenlang nach Entleerung des Harnes klinisch nachweisbar wird und so ohne Beachtung dieser Vorsicht oft eine Cystitis, die Harnstoff zersetzenden Mikroben ihre Entstehung verdankt, als nichtammoniakalisch gedeutet werden könnte. Erhält sich der Urin jedoch sauer, so wird man wohl künftighin sehr genau auf das Vorhandensein einer Blasentuberculose untersuchen müssen, um in dieser Frage zu einer Entscheidung zu gelangen, zu welcher das bisherige Material nicht genügt, weil es mit Bezug auf diesen Punkt nicht mit genügender Sorgfalt untersucht ist. Immerhin steht die bisherige klinische Erfahrung nicht auf Seite Rovsing's[1]), indem man häufig genug über Cystitiden mit saurem Urin berichten hört, ohne dass Anhaltspunkte für das Vorhandensein einer Blasentuberculose vorliegen würden. Künftighin wird hier der bakteriologischen Untersuchung des centrifugirten Urins wesentliche Bedeutung zukommen.[2]) Bemerkenswerth ist aber in dieser Beziehung, dass der Mikroorganismus, der, wie erwähnt, in den letzten Jahren so häufig von Clado, Hallé und Albarran, Gennes und Hartmann bei Urinkranken, von Haushalter (l. c.) bei einer idiopathischen Cystitis im Harne der Kranken, und zwar, wie erwähnt, sehr häufig in Reincultur gefunden worden ist, den Harnstoff nicht zersetzt, so dass z. B. im Falle Haushalter's der Urin der betreffenden Patientin noch nach 14tägigem Stehen nicht ammoniakalisch geworden war, obwohl der in Reincultur gefundene Bacillus septicus vesicae (Clado) sich auch nach Ablauf der 14 Tage aus dem Urin züchten liess. Dass diese und noch andere beschriebene Fälle von saurer eitriger Cystitis insgesammt tuberculösen Ursprunges sein sollten, ist wohl nicht wahrscheinlich, wenn auch der stricte Gegenbeweis kaum für einzelne derselben versucht worden ist.

Dass sich experimentell auch mit Harnstoff nicht zersetzenden Bakterien eine eitrige Blasenentzündung hervorrufen lasse, hat bereits Guyon (l. c.) nachgewiesen, indem er ja ausser mit dem Staphylococcus aureus auch mit dem Strepto-

---

[1]) Siehe Güterbock (l. c.) Seite 321.
[2]) v. Frisch: Internationale klinische Rundschau 1891. Nr. 30.

coccus pyogenes, der den Harnstoff nicht zersetzt, und mit Clado's Bacillus durch Injection in die Harnblase und Ligatur der Urethra eitrige Cystitis hervorrief. Etwa constatirbare Unterschiede zwischen der durch den Staphylococcus pyogenes und der durch den Streptococcus pyogenes erzeugten Cystitis gibt Guyon nicht an. Auch mir gelang es, durch Injection von 1 cm^3 einer Bouillon-Reincultur von Streptococcus pyogenes in die Kaninchenblase und darauffolgende Ligatur der Urethra für die Dauer von 12--20 Stunden eine heftige eitrige Cystitis hervorzurufen. In einem Falle crepirte das betreffende Kaninchen elf Tage nach der Infection und ergab die Section ausser der Cystitis einen geringen Grad von Peritonitis, intensive, beiderseitige fibrinös eitrige Pleuritis, fibrinös eitrige Pericarditis, Streptococcen im Harne, im Blute und in allen Exsudaten. Ob die Streptococcen hier von der Blasenschleimhaut in das Blut aufgenommen worden waren und dann Sepsis mit septischer Pleuritis hervorriefen, oder ob von der Cystitis aus per contiguitatem Peritonitis und weiterhin Pleuritis entstanden ist und erst später Streptococcen in die Blutbahn gelangt sind, will ich hier nicht zu entscheiden versuchen. Dies ist auch für die vorliegende Frage bedeutungslos. Der Versuch zeigt nur, dass durch Harnstoff nicht zersetzende Bakterienarten nicht nur eine Cystitis zu Stande kommen, sondern auch deletär werden kann. Es erscheint bis auf weiteres wohl empfehlenswerth, bei jeder eitrigen Cystitis mit saurem Harn genau auf Tuberculose zu untersuchen, eine solche Cystitis aber von vorneherein als tuberculöse zu diagnosticiren, wäre wohl nicht gerechtfertigt. Auch Lundstroem (l. c.) züchtete aus cystitischem Urin einen pyogenen Harnstoff nicht zersetzenden Streptococcus, der nach Injection in die Blase und darauffolgender Urethral-Ligatur eine sauer eitrige Cystitis veranlasste. Endlich betont auch Cohnheim[1] die Existenz eitriger Cystitiden und Pyelitiden mit saurem Harn, wobei er Steine und Infectionskrankheiten als Aetiologie angibt, der Tuberculose jedoch keine Erwähnung thut.

[1] Allg. Pathologie. 1882. II. pag. 419.

Den summarischen Daten, die ich oben bezüglich meiner bakteriologischen Befunde in den cystitischen Harnen gegeben, lasse ich nunmehr einige genauere Angaben folgen. Was zunächst den erwähnten, dem Staphylococcus albus ähnlichen Mikroorganismus betrifft, so möge noch hervorgehoben werden, dass er die Gelatine etwas langsamer verflüssigt als der Staphylococcus pyogenes albus, dass er Harnstoff in Jakschscher Lösung wie im Urin rasch zersetzt und für Kaninchen, auch in grosser Menge applicirt, keine pyogenen oder pathogenen Eigenschaften besitzt. Fast regelmässig zeigt sich an der Gelatinestichcultur nach ca. 5 Tagen, nach welcher Zeit der oberflächliche Theil der Gelatine schon Verflüssigung aufweist, dass zwischen dem oberflächlichen Antheile und dem Stich ein kurzer culturfreier Antheil der Gelatine liegt, so dass man den Eindruck erhält, als habe sich der im Stich liegende Antheil der Cultur von dem oberflächlichen losgelöst und gesenkt. Indem dann der oberflächliche Theil sich rascher verflüssigt und sinkt, verschwindet der freie Antheil der Gelatine. Auf Agar, Kartoffel und in Bouillon sind die Culturen denen des Staphylococcus pyog. albus sehr ähnlich. Möglicherweise ist diese Art mit einer der Lundstroem'schen oder Flügge's Mikrococcus ureae liquefaciens identisch.

Durch Injection eines cm^3 einer B.-R.-C. dieses Coccus und darauffolgende 24stündige Urethralligatur konnte ich bei mehreren Kaninchen eine heftige eitrige Cystitis hervorrufen. Im Urin fand ich die injicirte Mikroorganismenart in Reincultur. Eines dieser Kaninchen tödtete ich 24 Stunden nach erfolgter Infection. Die Section deckte zunächst eine heftige eitrige Cystitis auf. Der ammoniakalisch stinkende Urin enthielt sehr viel Eiter, wenige rothe Blutkörperchen, die Blasenschleimhaut war ödematös geschwellt, zeigte einige Ecchymosen. Die mikroskopische Untersuchung ergab eine seröse Infiltration der Schleimhaut, eine geringe zellige Infiltration derselben, eine stärkere zellige Infiltration des interstitiellen Gewebes der Muscularis und des perivesicalen (subserösen) Gewebes. Es war also hier durch harnstoffzersetzende, für die betreffende Thierart nicht pyogene Bakterien eine eitrige Cystitis hervorgerufen worden. Die Cultivirung ergab die Anwesenheit der injicirten Coccen nicht nur in der Blase, sondern auch in der Niere (in Reincultur) des Thieres, während die Untersuchung des Herzblutes und der Milz auf Bakterien negatives Resultat ergab.

Eine zweite Harnstoff zersetzende Coccenart fand ich, wie erwähnt, dreimal in Reincultur. Sie stellt Coccen in der Grösse und Anordnung der Staphylococcen dar. Als charakteristisch möchte ich ihr starkes Consumptionsvermögen für Gelatine hervorheben, so dass schon nach ca. 14 Tagen die Gelatine tief eingesunken erscheint, ohne dass Verflüssigung eingetreten wäre. Ich muss jedoch bemerken, dass Culturen dieser Art in heisser Jahreszeit mitunter doch auch eine zähe Verflüssigung der Gelatine bewirken. Es ist selbstverständlich, dass ich diese Behauptung nicht aussprechen würde, wenn ich nicht von der Reinheit der betreffenden verflüssigenden Culturen überzeugt und aus ihnen wieder denselben Coccus als consumirenden gezüchtet hätte. (Uebrigens gibt einen solchen Wechsel zwischen Consumtion und Verflüssigung der Gelatine auch Mannaberg [1]) bezüglich seines Streptococcus nephritidis an.) Auf Gelatineplatten sieht man nach drei Tagen bis nadelkopfgrosse, tiefgelegene und ca. hirsekorngrosse, oberflächliche, weisse Colonien. Bei 80facher Vergrösserung zeigen die kleineren Colonien eine Wetzsteinform, braune Farbe, scharfe Begrenzung, keine Structur. Bei den grösseren Colonien lässt sich ein centraler Antheil differenziren, der den kleinen Colonien an Aussehen gleicht, und ein hellerer, peripherer Antheil, der eine undeutliche Granulirung aufweist. Eine Verflüssigung habe ich auf den Platten nicht eintreten sehen (11 Tage lang beobachtet). In Bouillon bildet sich schon nach 24 bis 36 Stunden eine leichte Trübung und ein geringer Bodensatz, deren Zunahme rasch vor sich geht. Auf Kartoffel erfolgt das Wachsthum in Form eines oberflächlich sich nur wenig ausbreitenden, granulirten weissen Rasens. An den schön weissen, recht cohärenten Agar-Stichculturen fällt der gezackte

---

[1]) Zeitschrift für klinische Medicin XVIII. 3 und 4.

Rand an dem oberflächlich gewachsenen Theil der Cultur auf. Im Stich wächst der Coccus in ziemlich grobkörniger Form. Die Harnstoffzersetzung durch diesen Coccus ist eine ebenso intensive als die durch den erwähnten, dem Staphylococcus pyogenes ähnlichen. Bei dieser Gelegenheit will ich erwähnen, dass ich eine Anordnung der Harnstoff zersetzenden Coccen im Harne zu Ketten, wie dies Rovsing beobachtet hat, nicht constatiren konnte, auch betreffs der pyogenen Staphylococcen nicht. Pathogene oder pyogene Eigenschaften kommen diesem consumirenden Coccus nicht zu. Doch konnte ich auch durch Injection von $1\,cm^3$ Bouillon-Reincultur dieses Mikroorganismus in die Kaninchenblase und darauf folgende Ligatur der Urethra für die Dauer von ca. 20 Stunden eitrige Cystitis hervorrufen.

Ferner zeichnet sich durch seine intensive Harnstoff zersetzende Fähigkeit ein Bacillus aus, den ich in einem Falle von Cystitis bei Strictura urethrae im Harn in Reincultur fand. Derselbe stellt kurze, schlanke Stäbchen dar, die 3—5mal so lang als breit sind und Anilinfärbung leicht annehmen.

Auf Gelatineplatten stellen sich die tiefliegenden Colonien als kleine weisse Pünktchen dar, an denen man bei 80facher Vergrösserung eine runde Form, gelbe Farbe, einen dunkleren centralen Antheil und einen hellen peripheren Ring erkennen kann.

Die oberflächlichen Colonien sind nach wenigen Tagen nadelkopfgross, rund, weissglänzend und deutlich erhaben. Die 80fache Vergrösserung zeigt einen gelben, runden, granulirten Kern und eine lichtere, granulirte, sehr scharf, rund begrenzte Hauptmasse.

Die Gelatinestichcultur wächst in Form eines weissen, am Rande durchscheinenden, feucht glänzenden, lappig begrenzten, wenig erhabenen, oberflächlichen Belages, der nach acht Tagen ca. $6\,mm$ Durchmesser erlangt hat, während im Stiche ebenfalls gutes Wachsthum in Form ziemlich grober, dicht aneinander liegender, weisser Körner erfolgt. Die Agarplattenculturen weisen, so wenig wie die Gelatineplattenculturen, besonders charakteristische Merkmale auf. Die Agarstichcultur zeigt in der Tiefe gutes Wachsthum in Form grober Körner, während oberflächlich die Colonie als weisser, am Rande opaker, gelappter, feucht glänzender Belag erscheint, dessen Durchmesser nach fünf Tagen ca. 1 *cm* beträgt. Die Agar-Reincultur hat einen süsslichen, widerlichen Geruch. In Bouillon wächst der Bacillus sehr gut, sowohl diffuse Trübung als reichlichen Bodensatz erzeugend. Pathogene Eigenschaften scheinen diesem Bacillus (für Kaninchen) nicht zuzukommen. Auf Kartoffeln sieht man nach 48 Stunden einen die Impfstelle der Fläche nach nur wenig überschreitenden, mässig dicken, gelblichweissen Belag.

Ich komme nunmehr wieder auf den Bacillus zurück, den ich in 16 cystitischen Urinen fand und bezüglich dessen ich schon einmal (l. c.) eine vorläufige Mittheilung publicirt habe. Zunächst muss ich aber hier einige Bemerkungen über den sehr auffallenden Umstand einschalten, dass ich so häufig einen Mikroorganismus bei Cystitis im Harne gefunden habe, der bisher bei dieser Krankheit meines Wissens nur von Krogius und zwar dreimal unter zehn von ihm bakteriologisch untersuchten Cystitisfällen gefunden wurde. Wie sich nämlich weiter unten ergeben wird, ist sowohl Krogius' Bacillus als der meinige mit dem Proteus Hauser identisch. Die Untersuchungen Rovsing's haben es in hohem Grade wahrscheinlich gemacht, dass die Urethra mit ihrer reichen Bakterien-Flora den vom Arzte aseptisch eingeführten Katheter inficirt. Rovsing fand, wie vor ihm Lustgarten und Mannaberg (l. c.), nach ihm Petit und Wassermann (l. c.), nicht nur zahlreiche Bakterienarten, darunter Harnstoff zersetzende und eiterungserregende (z. B. den Staphylococcus pyogenes aureus) in der Urethra gesunder Männer und Frauen, sondern er konnte auch constatiren, dass die meisten Bakterienarten, die er im cystitischen Urin gefunden hatte, auch auf der Urethral-Schleimhaut aufzufinden sind. (Leube's Versuchsergebnisse, [1]) denen zufolge der per urethram unter Quecksilber aufgefangene Urin niemals Zersetzung erfährt, erscheinen allerdings hienach nicht leicht verständlich.) Für eine grosse Anzahl

---

[1]) Zeitschrift für klinische Medizin, 1881.

der Katheterisations-Cystitiden mag wohl die erwähnte Annahme Rovsing's die richtige sein, auffallen muss es aber, dass der mehrfach erwähnte Bacillus von Clado, den Clado, Hallé und Albarran, Gennes und Hartmann, Haushalter so häufig, resp. in einem so hohen Procentsatz der von ihnen untersuchten Urine von Urinkranken nachgewiesen haben, bisher ausserhalb Frankreichs niemals im pathologisch veränderten Urin gefunden wurde und zweitens bisher meines Wissens auch noch nicht aus der Urethra gezüchtet wurde. Doch scheinen bezüglich des letzteren Punktes Rovsing's Untersuchungen insoferne nicht ausschlaggebend, als er die Harnstoff nicht zersetzenden Bakterien der Urethra (Clado's Bacillus ist wie erwähnt nicht Harnstoff zersetzend) keiner genauen Untersuchung unterzog. Auffallen muss es ferner, dass ich den von Rovsing geschilderten Cystitiserregern nicht begegnet bin,[1] dass Lundstroem in seinen erwähnten drei Fällen wieder andere Mikroorganismen fand, und man muss wohl zu dem Schlusse kommen, dass die Reihe der Cystitiserreger eine sehr grosse und noch lange nicht genügend erforschte ist.

Zu den Urethral-Bakterien scheint wohl der von Krogius und mir aus cystitischem Urin gezüchtete Bacillus nicht zu gehören, sonst hätte er bei seinem so raschen Wachsthum den erwähnten Untersuchern der Urethralflora nicht entgehen können. Ueber seine morphologischen und culturellen Merkmale habe ich seiner Zeit berichtet und weitere Details für die vorliegende Publication in Aussicht gestellt, damals die Frage noch offen lassend, ob es sich um den Proteus Hauser handle oder nicht. Für die Identität mit dem Proteus Hauser schien mir das Aussehen der Culturen zu sprechen, die ich mit Proteusculturen verglich, welche ich der Güte des Herrn Professors Weichselbaum verdankte. Auch konnte ich an diesen Proteusculturen constatiren, dass auch dem Proteus Harnstoff zersetzende Eigenschaften zukommen. Doch musste

---

[1] Erst nach Abschluss dieser Arbeit züchtete ich aus einem cystitischen Urin neben einem Harnstoff nicht zersetzenden Bacillus den Staphylococcus pyogenes aureus.

mich wieder der Umstand schwankend machen, dass Leube und Graser (l. c.) ausdrücklich hervorhoben, der Proteus zersetze Harnstoff nicht. Dass meine Thierversuche andere Resultate ergaben als die Hausers, musste noch nicht für eine Differenz der Arten sprechen. Um in dieser Frage zu einer endgiltigen Entscheidung zu gelangen, sandte ich eine meiner Culturen des aus cystitischem Harn gezüchteten Bacillus an Herrn Dr. G. Hauser, der die besondere Liebenswürdigkeit hatte, sie einer genauen Untersuchung zu unterziehen, wofür ich ihm hier nochmals meinen herzlichsten Dank ausdrücke. Dr. Hauser erklärte die ihm von mir übersandte Cultur für identisch mit Proteus und damit ist wohl jeder Zweifel über diese Frage beseitigt. Vergleichende Untersuchungen, die ich mit Krogius Urobacillus liquefaciens septicus und Proteus, resp. meinen Culturen anstellte, liessen zwischen den genannten Arten keine Unterschiede erkennen, so dass ich wohl glaube, zur Behauptung berechtigt zu sein, dass sowohl Krogius als ich aus einer Reihe von eitrigen Cystitiden den Proteus Hauser, und zwar häufig in Reincultur gezüchtet haben. Herrn Dr. Krogius, der mir auf mein diesbezügliches Ersuchen eine seiner Culturen zusandte, bin ich hiefür zu aufrichtigem Danke verpflichtet. Es ist nun wohl nicht mehr angezeigt, dass ich über das Aussehen meiner Culturen so eingehende Angaben mache, als ich vor erlangter Sicherheit betreffs der Identität mit dem Proteus für nothwendig gehalten hatte; ich will mich daher mit kürzeren Angaben begnügen.

Ueber das Aussehen der Gelatine-Plattenculturen hat Hauser[1]) erschöpfende Angaben gemacht, denen ich nichts zuzufügen habe, ausser dass man an älteren Culturen das Schwärmen der Colonien nicht beobachten kann, sondern hiezu möglichst frisch überimpfte Culturen (auf 5% Gelatine) benützen muss, worauf Hauser mich aufmerksam gemacht hat. Von den Gelatine-Stichculturen habe ich (l. c.) angegeben, dass man in 10% Gelatine meist schon nach Ablauf von 2 Tagen Verflüssigung constatiren kann, die an der Oberfläche

---

[1]) Ueber Fäulnissbakterien etc. Leipzig 1885.

beginnt, gegen die Tiefe zu fortschreitet unter beständiger Verbreitung des verflüssigten Gebietes; dabei sieht man einen dichteren axialen Antheil im Impfstich, den ein dünner, vom festen Antheil der Gelatine scharf abgegrenzter Randtheil einscheidet. Ab und zu konnte ich das Auftreten distincter weisser Pünktchen im ganzen Bereiche der Gelatine constatiren, die keinen Zusammenhang mit der Cultur erkennen liessen, sich nach und nach unter Bildung blasenähnlicher weisser Massen vergrösserten und in der nach 8 Tagen oft schon total verflüssigten Gelatine zu Boden sanken, in ihrer Anlage offenbar Analoga der ausgeschwärmten Plattencolonien Hauser's. Einigemal sah ich nach 2 bis 3 Tagen, als an der Oberfläche schon deutliche Verflüssigung bestand, im tieferen Antheil der Gelatine vom Impfstich horizontal abgehende Ausläufer, die mitunter die ganze Breite der Gelatine durchsetzten und den Culturen eine gewisse Aehnlichkeit mit Milzbrandculturen eines bestimmten Entwicklungs-Stadiums verliehen. Die bei 37" gehaltenen Agarplatten zeigten nach 24 Stunden bis nadelkopfgrosse, weisse, tief gelegene und bis beinahe erbsengrosse, opake, oft einem wolkigen Ueberzuge gleichende oberflächliche Colonien. Die ersteren erscheinen bei schwacher Vergrösserung (Reichert 3, III) bräunlich gelb, granulirt, unregelmässig contourirt und oft wie aus kleinen Scheibchen zusammengesetzt. Die opaken Colonien zeigen bei dieser Vergrösserung eine lichtgelbe, von der Umgebung oft schwer differenzirbare Farbe, manchmal im Centrum einen deutlicheren Kern und eine regelmässig runde Begrenzung. Der Hauptantheil dieser Colonien erscheint fein granulirt. Nach 48stündigem Aufenthalt im Brutapparat finden sich die Agarplatten oft von den confluirten, opaken Colonien vollkommen überzogen. Die Agar-Stichcultur zeigt meist schon nach 24 Stunden bei 37" einen die ganze Oberfläche einnehmenden, faltenlosen, dünnen, grauweissen Ueberzug. Nur bei den Ueberimpfungen alter Culturen dauert es oft einige Tage, ehe die ganze Oberfläche des Agar von der Cultur überzogen ist. In der Tiefe des Stiches ist das Wachsthum ebenfalls sehr intensiv, indem sich ein weisser, dicker, undeutlich gekörnter Strang bildet, von dem häufig radiäre, feine, sehr dicht aneinander liegende Ausläufer ausgehen, die oft zu einer Trübung des ganzen Agars führen. Einzelne Agarculturen erwiesen sich noch nach 6 bis 7 Monaten als überimpfbar. Doch blieb bei der Ueberimpfung älterer Culturen meist die Ausbildung der Ausläufer im Stiche aus, so dass dann nur ein einfacher weisser Streif in der Tiefe entstand, während das oberflächliche Wachsthum, wie schon erwähnt, ebenfalls langsamer vor sich ging. Häufig beobachtet man in Agarculturen die Entstehung kleiner, bis zu einem halben Centimeter langer Krystalle, und zwar besonders dicht unterhalb der Oberfläche. Auf Kartoffeln erfolgt das Wachsthum in Form eines gelblichen, mässig rasch über die Fläche sich verbreitenden, feuchtglänzenden Ueberzuges. In Bouillon bildet sich schon nach 24 Stunden eine Trübung und ein weisser Bodensatz, die weiterhin langsam zunehmen. Im Urin wächst der Bacillus gut und zersetzt sehr rasch den Harnstoff. Durchschnittlich findet man schon nach 12 Stunden Bläuung eines angefeuchteten, über dem Urin suspendirten Lackmuspapiers, resp. bei Anwendung Jaksch'scher Nährlösung, positiven Erfolg bei Anwendung des Nessler'schen Reagens.

Die Bakterienformen, die ich an meinen Culturen beobachten konnte, variirten in engeren Grenzen als bei den von Hauser beobachteten. Die Länge der Bacillen war mindestens 2mal, meist jedoch 3- bis 4mal so bedeutend wie die Dicke, die Enden stets abgerundet; manchmal waren sie zu Zweien der Länge nach verbunden. Nur in sehr alten Culturen war das Vorhandensein kurzer Scheinfäden einerseits, ganz kurzer coccenähnlicher Formen andererseits zu beobachten. Niemals gelang es mir Gebilde zu sehen, die man als Sporen hätte ansehen können. Die gewöhnlichen Anilinfarben werden von diesem Mikroorganismus rasch angenommen, die Gram'sche Färbungsmethode gibt ein negatives Resultat. Sehr grosse Schwierigkeiten bereitet immer die Färbung in Schnittpräparaten, d. h. sie gelang mir überhaupt nicht in vollem Massstabe. Nicht nur die Gram'sche und die Weigert'sche Methode versagte hier, auch mit alkalischem und mit Carbol-Methylenblau gelang es mir meist nur vereinzelte Exemplare der Bacillen in den Schnitten zu färben, obwohl ich mich durch Abstreifpräparate von denselben Organstücken hatte überzeugen können, dass die Bacillen in grosser Menge vorhanden waren. Am auffallendsten trat dieses Verhältniss bei der Färbung der abscesshaltigen Nieren (siehe Versuch Nr. 1 und 2) hervor. Im Abstreifpräparate waren zahlreiche Bacillen zu sehen. Die abgeimpfte Cultur zeigte nach 24 Stunden reichliches Wachsthum, die Schnittpräparate hingegen ergaben nach langem Durchmustern vereinzelte Exemplare der Bacillen. Es ist dies offenbar auf eine grosse Empfindlichkeit der gefärbten Bacillen gegen Alkohol, resp. Anilinöl und Xylol zurückzuführen. Nur in einer Anzahl von Präparaten der Blasenwand intravesical inficirter Kaninchen fand ich Bacillen in grösserer Anzahl.

Meine Thierversuche mit diesem Bacillus stellte ich fast ausnahmslos zu einer Zeit an, als mir die Identität desselben mit Hauser's Proteus noch nicht zweifellos erschien. Die Versuche ergaben mir übrigens Resultate, die von denen Hauser's in manchen Punkten abweichen. Zunächst gelang es mir, durch subcutane Injection kleiner Mengen meiner Proteusculturen bei Kaninchen fast ausnahmslos Abscesse hervorzurufen, deren Ausdehnung zumeist eine mässige blieb. In dem Abscesseiter waren mikroskopisch die Bacillen nur in geringer Zahl nachweisbar. Die Cultur ergab jedoch das Vorhandensein des injicirten Bacillus, und zwar stets in Reincultur, was ich im Gegensatz zu Hauser betonen muss, der erst unlängst[1]) wieder hervorhob, dass er bei seinen Thierexperimenten im Abscesseiter neben dem injicirten Proteus stets noch Coccen fand, die er als die Eiterungserreger anzusehen geneigt ist. Nicht unwahrscheinlich erscheint es mir, dass hier bei der Erzeugung der Eiterung wesentlich die Proteine dieser Bakterienart wirksam sind, und zwar wegen der geringen Anzahl der im Eiter mikroskopisch nachweisbaren Bacillen, woraus zu schliessen ist, dass auch der Leibessubstanz der zu Grunde gegangenen Bakterien eine Wirksamkeit zugekommen sein mag. Die Ausheilung der durch die

---

[1]) Münchener medicinische Wochenschrift, 1892, Nr. 7.

Proteusinjectionen hervorgerufenen Abscesse dauerte durchschnittlich 2—3 Wochen. Gangrän sah ich der subcutanen Injection meiner Culturen niemals folgen.

Mit der Cultur, die mir Herr Dr. Krogius gütigst zugesandt hatte (Urobacillus liquefaciens septicus), und mit Proteusculturen, die ich von der Oberfläche eines verjauchten Mundschleimhaut-Carcinoms gewonnen hatte, konnte ich bei subcutaner Injection genau dieselben Folgeerscheinungen beobachten wie nach Injection der von mir aus dem cystitischen Harne gewonnenen Culturen. Gangrän konnte ich im Gegensatze zu Krogius niemals auf diese Weise erzielen. Wie im culturellen Verhalten, so stimmte also auch in diesen Versuchen das Verhalten des Bacillus liquef. septicus Krogius mit dem des von mir aus cystitischem Urine gezüchteten Bacillus, resp. des Proteus vulgaris, vollkommen überein.[1] Die Unterschiede zwischen Krogius' und meinen Resultaten in dieser Beziehung bedingen übrigens zu ihrer Erklärung durchaus nicht die Annahme verschiedener Arten. Wissen wir doch heute, wie verschiedene Processe z. B. der Staphylococcus pyogenes erregen kann: Eiterung, Necrose, fibrinöse Entzündung und vielleicht auch Erysipel. Es erschiene mir daher selbst dann, wenn ich dieselben Versuchsergebnisse wie Krogius mit dessen Cultur erhalten hätte, die Identität seines Urobacillus mit dem meinigen durchaus nicht in Frage gestellt und sie erscheint mir, wie erwähnt, sichergestellt durch meine Versuchsresultate, die

---

[1] In meiner vorläufigen Mittheilung habe ich auf einige Aehnlichkeiten hingewiesen, die der von mir bei Cystitis gefundene Bacillus mit Hajek's Bacillus Ozoenae foetidus (Berliner klinische Wochenschrift 1888, No. 32) hat. In einem Ozoena-Falle, den ich bakteriologisch untersuchte, fand ich den Proteus in seiner nicht verflüssigenden Varietät (Proteus Zenkeri). Bedenkt man, dass Hajek ausdrücklich angibt, dass sein Bacillus Ozoenae foetidus das Fleisch in stinkende Fäulniss versetzt, erwägt man die grosse Aehnlichkeit seines Bacillus mit dem von Krogius und mir geschilderten, ziehe ich weiterhin in Betracht, dass ich aus einem Ozoena-Falle den Proteus züchten konnte, so erscheint mir der Schluss naheliegend und nicht ungerechtfertigt, dass auch Hajek's Bacillus Ozoenae foetidus mit Hauser's Proteus identisch ist.

mich eine wesentliche Differenz in der Wirkung der genannten Culturen auf Thiere vermissen liessen.

Injicirte ich ca. 1 cm^3 einer mehrere Tage alten Cultur des von mir aus cystitischem Harne gewonnenen Proteus einem Kaninchen in die Peritonealhöhle oder Pleurahöhle, so erfolgte ausnahmslos Entstehung einer fibrinös eitrigen, mitunter selbst jauchigen Peritonitis oder Pleuritis, die meist innerhalb weniger Tage den Tod des Versuchsthieres zur Folge hatte. In der erkrankten Körperhöhle, resp. in dem daselbst befindlichen Exsudate waren stets reichliche Bacillen nachweisbar, meist, aber nicht ausnahmslos, auch im Herzblute und in den inneren Organen. Bei den in die Pleurahöhle injicirten Kaninchen fand ich häufig auch Infiltration in der Lunge, die sich bei der Untersuchung als durch kleinzelliges Infiltrat des interalveolären Bindegewebes und serös-eitrige Exsudation in die Alveolen bedingt erwies. Bei einem in die Peritonealhöhle injicirten und vier Tage später crepirten Kaninchen war das Colon an seiner vorderen Wand in einer Ausdehnung von einigen Centimetern eitrig infiltrirt, wobei allerdings die Möglichkeit zu erwägen ist, dass die Injection der Bakteriensuspension vielleicht statt in die Peritonealhöhle in die Darmwand erfolgt ist. Hier muss ich einen Versuch einschalten, der in Folge seines merkwürdigen Ergebnisses ganz vereinzelt dasteht. Ich hatte ein Kaninchen derart inficirt, dass ich rechterseits im vierten Intercostalraum ca. 1 cm^3 einer mit sterilisirtem Wasser verdünnten, zehn Tage alten Bouilloncultur injicirt hatte, und zwar beabsichtigte ich die Injection in die Pleurahöhle auszuführen. In den nächsten Tagen befand sich das Thier anscheinend wohl, 5 Tage nach der Injection tödtete ich dasselbe. Dabei stellte es sich nun heraus, dass ich mit der Injectionsnadel die Pleura nicht passirt hatte und so die Infection in das peripleurale Gewebe erfolgt war. Es fand sich nun zunächst an der Injectionsstelle ein erbsengrosser, Bacillen in mässiger Menge enthaltender Abscess. Im gleichen Intercostalraum befand sich ein ebenfalls im peripleuralen Gewebe gelagerter kleinerer Abscess, dicht neben der Wirbelsäule. Ferner fanden sich äusserst zahlreiche bis hirsekorngrosse Abscesse im subserösen Gewebe an beiden Zwerchfellflächen, im Netz und im Mesenterium. In allen untersuchten Abscessen fanden sich, wie Abstreifpräparate sofort erwiesen, Bacillen in mässiger Zahl, die aus den Abscessen leicht cultivirbar waren, und die sich als mit den injicirten identisch erwiesen. Dieser Befund lässt sich wohl in dem Sinne deuten, dass die Infection hier nur die Lymphwege benützte und dass die spärlich in die Blutbahn gelangenden Bacillen daselbst sofort vernichtet wurden. Die mikroskopische Untersuchung der erkrankten Gewebe ergab, dass die makroskopisch als Abscesse zu erkennenden Eiteransammlungen zumeist innerhalb von Lymphgefässen gelegen waren.

Wenn ich mit der intravenösen Injection dieses Mikroorganismus Resultate erhielt, die mich berechtigen, nicht nur von einer toxischen, sondern auch von einer infectiösen Wirkung derselben zu sprechen, so mag dies daran liegen, dass ich vielleicht kleinere Mengen benützte wie Hauser, dessen Versuchsthiere stets nach ganz kurzer Zeit unter dem Bilde der Intoxication zu Grunde gingen, und grössere als Hajek anwendete, welch' letzterer mit dem von ihm als Bacillus Ozoenae foetidus bezeichneten Bacillus intravenös stets vergebliche Infectionsversuche anstellte.

Durch Versuche Monti's [1]) sind wir darüber unterrichtet, dass Streptococcen, die normalen Thieren gegenüber ihre Virulenz bereits verloren haben, dieselbe wieder erlangen, wenn man den Thieren gleichzeitig Stoffwechselproducte von Proteusculturen injicirte. Möglicherweise muss man auch, um erfolgreiche Infection mit dem Proteus zu bewirken, gleichzeitig ein gewisses Quantum von seinen Stoffwechselproducten injiciren. Wie dem auch sei, meine Versuche haben mir die Ueberzeugung verschafft, dass den von mir verwendeten, aus dem cystitischen Urin gezüchteten Proteusculturen infectiöse Eigenschaften verliehen sind. Insbesondere waren es zwei Versuche, die mir dies klar zu beweisen scheinen. Die beiden ersten Kaninchen, denen ich je 1 cm^3 einer vier Tage alten, mit

---

[1]) Citirt nach Hauser. Münchner medicinische Wochenschrift 1892, Nr. 7.

sterilisirtem Wasser verdünnten Bouillon-Reincultur des genannten, damals bereits mehrmals auf künstlichen Nährboden überimpften Mikroorganismus in die Ohrvene injicirte, crepirten nach sechs, resp. sieben Tagen; während dieser Zeit hatte ich täglich aus Blutproben der beiden Kaninchen das Vorhandensein des injicirten Bacillus im Blute durch Cultur nachweisen können. Die Section ergab bei beiden Kaninchen das Vorhandensein einer ziemlichen Anzahl von hirsekorngrossen Nierenabscessen, einzelner Lungenabscesse die ebenfalls Hirsekerngrösse erreichten und an der Lungenperipherie sassen, ferner eines pleuralen Exsudates und endlich trüber Schwellung der parenchymatösen Organe.

Erwähnenswerth erscheint mir, dass die Leber eines dieser Kaninchen bei der sofort nach dem Verenden vorgenommenen Section penetrant nach Ammoniak roch. Abstreifpräparate der Abscessse und des pleuralen Exudates ergaben das Vorhandensein zahlreicher Bacillen. Die Abimpfung ergab vom Blute, Harn und allen Organen positives Resultat. Dass dieser Befund wohl nicht einem Intoxications- sondern einem Infectionstode entspricht, ist unzweifelhaft. Zur Erklärung der Abscesse, die man ja wohl als metastatische auffassen muss, bedarf man der Annahme einer Vermehrung der injicirten Bacillen, womit ihre infectiöse Fähigkeit erwiesen ist. Die beiden erwähnten Kaninchen sind allerdings die einzigen, bei denen ich makroskopische Abscesse in inneren Organen fand, doch waren sie auch diejenigen, die am spätesten nach vollzogener Infection crepirten. Bei einigen Kaninchen, die vier bis fünf Tage nach der Injection der Bacillen in die Ohrvene crepirten, fand ich in der Niere und in den Lungen umschriebene Rundzellen-Anhäufungen, die zum Theile eine derartige Intensität erreicht hatten, dass die Annahme nahe liegt, dass auch in diesen Fällen, hätten die Thiere die Infection länger überlebt, Abscessbildung von makroskopischer Ausdehnung zu Stande gekommen wäre. Bei einigen Kaninchen, die schon zwei bis drei Tage nach der intravenösen Injection crepirten, lässt sich natürlich die Möglichkeit eines Intoxicationstodes nicht ausschliessen. Eine Anzahl von Kaninchen endlich überstand die intravenöse Injection des Bacillus ohne Schädigung und schienen mir diese Kaninchen bei späteren Infectionsversuchen für diese Bakterienspecies weniger empfänglich als noch nie injicirte Kaninchen, eine Thatsache, die ja für die Proteusinfection bereits sicher nachgewiesen ist. Fast ausnahmslos gingen bei den intravenös inficirten Kaninchen die Bacillen in den Harn über, und zwar sowohl bei den der Infection unterliegenden, als bei den Ueberlebenden. Der Nachweis der Bacillen in dem Harne gelang fast stets, nicht ausnahmslos, wie ich in meiner vorläufigen Mittheilung auf Grund meiner damaligen Erfahrungen behauptete, schon 24 Stunden nach erfolgter Infection, nur in seltenen Fällen erst nach zwei bis drei Tagen. Dieser Umstand führt uns gleich auf das Verhalten der Nieren bei den mit dem uns hier beschäftigenden Mikroorganismus inficirten Kaninchen. Die Nieren zeigten sich stets wesentlich verändert. Der Abscesse und der mikroskopisch nachweisbaren grösseren Rundzellen-Anhäufungen that ich bereits Erwähnung. Rundzellen-Anhäufungen geringeren Grades, besonders um die Gefässe, vermisste ich bei den Kaninchen, die die Infection um mehr als drei bis vier Tage überlebt hatten, fast nie. Das Epithel der gewundenen Harncanälchen zeigte stets ausgesprochene trübe Schwellung, mitunter fehlte stellenweise das Epithel, häufig fanden sich in den Harncanälchen feinkörnige Gerinnungen. In den Malpighischen Knäueln fand sich häufig Nekrose des Epithels der Randschlingen, ferner feinkörnige Massen zwischen den in diesem Falle einen leichten Grad von Compression darbietenden Gefässschlingen und den Bowmann'schen Kapseln, und in einzelnen Fällen auch Hämorrhagien aus den Knäueln in dem Kapselraum. Fasst man diese Veränderungen zusammen, so muss man wohl zugeben, dass die Injection des Proteus in die Blutbahn bei Kaninchen eine Nephritis hervorzurufen im Stande ist, wobei es natürlich nothwendig erscheint, dass das Versuchsthier die Infection um einige Tage überlebt. Bei rascher crepirten Thieren fanden sich meist nur trübe Schwellung des Epithels der Harncanälchen, und zwar zumeist der gewundenen, und Hämorrhagien. Beachtenswerth erscheint mir auch der Umstand, dass so oft schon 24 Stunden nach der Injection des Proteus in die Blutbahn derselbe im Urin nachweisbar war, und zwar, wie erwähnt, auch bei solchen Thieren, die der Infection weiterhin nicht unterlagen, sondern am Leben blieben. Die strengen Dogmen, die vor wenigen Jahren noch Wyssokowitsch [1]) über die Ausscheidung der Bakterien durch die Nieren aufgestellt, werden wohl heute nicht mehr in unveränderter Weise anerkannt und man nimmt gegenwärtig vielfach an, dass Bakterien aus der Blutbahn in den Urin übergehen können, ehe noch gröbere Nierenveränderungen vorhanden sind. Was nun die Fähigkeit des Proteus betrifft, hochgradige pathologische Veränderungen in der Niere hervorzurufen, so führt sie mich zur Erörterung eines Verhältnisses, das Rovsing hervorhebt. Rovsing (l. c.) betont nämlich, dass alle von ihm gefundenen pathogenen, Harnstoff zersetzenden Bakterien bei den Versuchsthieren Nephritis hervorrufen, und dass man überhaupt bis jetzt nur solche Bakterien als Nephritiserreger kenne, die die Fähigkeit besitzen, Harnstoff zu zersetzen.

Es eröffne dieser Umstand, meint Rovsing, einen neuen Gesichtspunkt für die Auffassung der Nephritis und Urämie. Dazu muss zunächst bemerkt werden, dass Rovsing den Ausdruck Nephritis in sehr weitem Sinne gebraucht; werden ja doch die Veränderungen, die z. B. der Staphylococcus aureus in der Niere hervorbringt, von manchen Autoren noch nicht als Nephritis [2]) bezeichnet. Andererseits fehlen uns gerade betreffs eines Streptococcus, den Mannaberg (l. c.) in einer grösseren Anzahl von Nephritiden gefunden, mit dem er bei Versuchsthieren ausgesprochene Nephritis erzeugen konnte, Angaben über eventuelle, Harnstoff zersetzende Fähigkeiten. Wenn wir aber an die complicirende Nephritis bei Scharlach denken, die durch den Streptococcus pyogenes erzeugt wird, wenn wir an die Nephritis nach Pneumonie und nach Typhus denken, so sind dies Beweise für die Existenz von Nephritiden, die in Folge solcher Krankheiten entstehen, deren bakterielle Erreger den Harnstoff nicht zersetzen, und schon häufig wurden

---

[1]) Zeitschrift für Hygiene, Band 1.
[2]) S. Mannaberg, Zeitschrift für klinische Medicin, Band 18, 3 und 4.

in den nach den erwähnten Infectionskrankheiten nephritisch veränderten Nieren die specifischen, den Harnstoff nicht zersetzenden Bakterien gefunden, so dass ihre ursächliche Beziehung zur Nephritis wohl als bewiesen gelten kann. Schliesslich muss ich aber noch bemerken, dass, käme die Harnstoff zersetzende Fähigkeit der betreffenden Mikroben wirklich bei der Entstehung der Nephritis in Betracht, dann auch entsprechende Urinveränderungen (ammoniakalische Gährung) vorhanden sein müssten, insbesondere — wenn wir Rovsing's Anschauungen hier weiter folgen — bei der Urämie; denn wir können uns doch nur vorstellen, dass die Fähigkeit der betreffenden Bakterien, den Harnstoff zu zersetzen, für die Entstehung der Nephritis und Urämie dann in Betracht kommt, wenn sie sich entfaltet, nicht aber einfach dadurch, dass sie diesen Mikroorganismen inhärirt. Niemals ist aber als Charakteristikum des nephritischen Harnes ammoniakalische Reaction angeführt worden, niemals auch nur ein rascheres Eintreten der ammoniakalischen Gährung, wohl ein Beweis dafür, dass, wenn Harnstoff zersetzende Bakterien Nephritis erzeugen, sie dies in Folge anderer ihnen innewohnender Eigenschaften bewirken, nicht aber in Folge ihrer Fähigkeit, den Harnstoff zu zersetzen. Schliesslich sei noch bemerkt, dass ein Harnstoff zersetzender Mikroorganismus in dieser Eigenschaft in der Leber ebenso specifisch wirken müsste wie in der Niere. Thatsächlich ist mir bei der Section eines an Proteus-Infection zu Grunde gegangenen Kaninchens der penetrante Geruch der Leber nach Ammoniak aufgefallen. Intravenöse Infectionsversuche mit Proteusculturen von einem verjauchten Carcinom und mit Urobacillus Krogius führten den Tod der Kaninchen meist schon nach 1 bis 3 Tagen herbei, also durchschnittlich rascher als die aus cystitischem Harne gezüchteten Proteusculturen.

Bei Injectionen in die Blase konnte ich keinen Unterschied in der Wirkung der genannten Arten feststellen. Die Wirkung derselben bei Injection in die Blase war eine sehr intensive. Injicirte ich 1 cm^3 einer Bouillonculturoder einer aufgeschwemmten Agar-Reincultur in die Blase, so zeigte der Urin am nächsten Tage fast ausnahmslos reichlichen Eitergehalt und viele Bacillen, die durch Cultivirung als mit den injicirten identisch erwiesen wurden. Neben dem Eiter waren zumeist mehr oder weniger zahlreiche rothe Blutkörperchen, Blasenepithelien und Krystalle von Tripelphosphat und harnsaurem Ammoniak vorhanden. Nur in vereinzelten Fällen hatte die Injection von 1 oder selbst 2 cm^3 der Proteus-Aufschwemmung in die Blase keinen Effect, doch rief dann meist eine nach mehreren Tagen wiederholte Injection derselben Flüssigkeit in die Blase doch wieder eine Cystitis hervor. Die Dauer der auf diese Weise erzeugten Blasenentzündungen war eine sehr variable, in einem Falle dauerte die Cystitis selbst einen Monat, und zwar bis zum Tode des Thieres. Bisweilen nahm der Urin schon nach kurzer Zeit eine normale Beschaffenheit an, insoferne als die Eiterbeimengung verschwand; dann konnte ich ab und zu constatiren, dass in den Fällen, in denen die Bakterien noch nicht gleichzeitig mit dem Eiter wieder aus dem Harn verschwunden waren, ohne ersichtlichen Anlass der schon einige Tage hindurch anscheinend normal gewesene Urin wieder eine eitrige Baschaffenheit annahm und stets konnte erst dann von einem definitiven Erlöschen der Blasenerkrankung die Rede sein, wenn auch im Urin keine Bakterien mehr nachweisbar waren. Aufhören der Pyurie, während noch Bacillen im Urin nachweisbar waren, liess immer nur auf ein Latenzstadium schliessen. In einigen Fällen wurden bei Kaninchen, deren Cystitis längere Zeit gedauert hatte, bei der Section (die Thiere waren theils spontan crepirt, theils wurden sie getödtet) die injicirten Bacillen nicht nur in der Blase, sondern auch in den Nieren gefunden. Eine kleine Zahl von Kaninchen (4) crepirte 24 bis 36 Stunden nach der Injection von 1 cm^3 der Bouillon-Reincultur in die Blase. Bei diesen fanden sich die injicirten Bacillen nicht nur in der Blase und in der Niere, sondern auch im Herzblut, daneben fanden sich vereinzelt Ecchymosen an den serösen Häuten, bei einem der Thiere auch eine Dilatation des Ureters. Der Urin war stets mehr oder weniger eiterhältig. Die Erklärung dieser Todesfälle dürfte wohl dahin gegeben werden können, dass es sich hier um eine Sepsis gehandelt hat, die man dem Ausgangspunkte nach als vesicale Sepsis bezeichnen könnte; auch der in zweien der Fälle vorfindliche Milztumor stützt diese Auffassung. Die histologischen Befunde an den Blasen folgen weiter unten bei den Versuchsprotokollen. Hier sei nur im Allgemeinen Folgendes bemerkt. Während in einigen Fällen die mikroskopische Untersuchung der Blasenwand von Kaninchen, denen Proteusculturen in die Blase injicirt worden waren, Ansammlungen von Rundzellen im Epithel und im subepithelialen Gewebe selbst in höherem Grade ergab, waren in anderen Fällen die oberflächlichen Schichten nur wenig entzündlich verändert, in viel höherem Grade aber die tieferen, insbesondere die subseröse Schichte, die oft stark kleinzellig infiltrirt war und deren Lymphgefässe oft von Eiter erfüllt waren, so dass das Bild einer Blasenphlegmone vorlag. Es spricht dies — im Gegensatz zu Hauser's Auffassung — für die Fähigkeit des Proteus, rasch in die Tiefe der Gewebe eindringen zu können. In den Fällen, in denen nach der Injection der Bakterien in die Blase eine Ligatur der Urethra für die Dauer von 6 bis 24 Stunden ausgeführt worden war, waren die Erscheinungen seitens der Blase selbstverständlich noch viel heftiger. Der Urin stank bei der Entleerung entsetzlich, dabei war der ammoniakalische Geruch deutlich ausgesprochen. Die Farbe war eine blutige. Das Mikroskop wies Blut, Eiter, Sargdeckel-Krystalle und Bacillen in grösster Menge nach und diese Beschaffenheit des Urins blieb Tage lang unverändert. Die mikroskopische Untersuchung solcher Blasen ergab geradezu eine diphtheritische Entzündung der Blasenwand, d. h. tiefgehende Nekrosirung der Schleimhaut und eine breite, eitrig infiltrirte Schichte unterhalb der nekrotischen Partie. Diese eitrige Infiltration reichte, sowie das bei der Section bereits ersichtliche Oedem, an den meisten Stellen bis in das subseröse Lager. Diese Veränderungen sind viel intensivere, als die von Rovsing und Guyon mit den pyogenen Mikroorganismen bei ihren Versuchsthieren unter ähnlichen Verhältnissen erzielten und erinnern an den Versuch Aufrecht's,[1] dem es gelang, indem er einem Kaninchen 4mal auf je 24 Stunden

---

[1] Central-Blatt für die medicinische Wissenschaft, 1882.

die Urethra durch Heftpflaster verschloss, eine Blasendiphtheritis zu erzeugen. In der nekrotischen Schichte fand er Coccen und Stäbchen. (Es fehlt wohl hier der stricte Nachweis über die Provenienz der Bakterien, doch ist es immerhin am wahrscheinlichsten, dass dieselben aus der Urethra stammten.) In meinen Präparaten von auf die angegebene Weise hervorgerufener Blasendiphtheritis fand ich die injicirten Bacillen in den zellig infiltrirten Schichten in geringerer Zahl, in der nekrotischen Schichte in grösserer Menge. Diese Versuche sprechen wieder für die, besonders von Cohnheim[1]) betonte Fähigkeit des ammoniakalischen Urins, nekrosirende Entzündung der Schleimhaut der Harnwege hervorzurufen. In einigen, der Fälle, in denen nach Injection des Proteus in die Blase die Urethra ligirt worden war, fand sich bei der sofort nach dem Tode des Thieres vorgenommenen Section der Proteus auch in der Niere.

Schon in meiner vorläufigen Mittheilung habe ich erwähnt, dass ich zweimal bei der Section meiner Versuchskaninchen einen Nebenhoden, ferner auf derselben Seite das Vas deferens und Samenbläschen mit Eiter erfüllt fand, und dass dieser Eiter reichlich und in Reincultur den Proteus enthielt. Beide Thiere waren intravenös mit Bouillon-Reincultur des aus cystitischem Harne gezüchtetem Proteus inficirt worden. Das eine der beiden Thiere crepirte sechs Tage nach erfolgter Infection, es war niemals katheterisirt worden und liess ebenso wie das andere dieser beiden Kaninchen bereits 24 Stunden nach erfolgter intravenöser Infection die injicirte Bakterieart im Urin nachweisen. Das letztgenannte der beiden Kaninchen wurde jedoch zwei Tage nach erfolgter Infection katheterisirt und zwei Tage nach diesem (nicht wiederholten) Katheterismus war der exprimirte Urin so eiterhaltig, dass man ihn beinahe als reinen Eiter betrachten konnte; gleichzeitig liessen sich mikroskopisch massenhaft Bacillen nachweisen. Zehn Tage später, also 14 Tage nach der intravenösen Infection, wurde das Thier getödtet. Bei der Section fanden sich die erwähnten Veränderungen an den Geschlechts-

---

[1]) Allg. Pathologie, 1882, II., 419.

Organen, wodurch der Eitergehalt des Urins vollkommen erklärt wurde. Die Blasenschleimhaut selbst zeigte bei der histologischen Untersuchung nur einen etwas grösseren Reichthum der subepithelialen Schichte an Rundzellen und vereiterte Thromben in Blutgefässen im perivesicalen Gewebe, resp. im subserösen Lager der Blase. Es liegt wohl nahe, in diesem Falle die Nebenhodenvereiterung mit dem erwähnten Katheterismus in Zusammenhang zu bringen; jedenfalls glaube ich, dass in beiden Fällen die Epididymitis als urethralen und nicht etwa embolischen Ursprungs anzusehen ist. In beiden Fällen liessen sich sonstige (als Metastasen aufzufassende) Eiterherde nicht auffinden. Auch scheint mir die Füllung des Vas deferens und Samenbläschens mit Eiter den Weg der Infection von der Urethra her anzudeuten. Eine Infection des Nebenhodens von der Urethra oder Blase aus durch die Lymphwege (und nicht durch die Ausführungsgänge) lässt sich wohl auch nicht absolut ausschliessen. Es erscheint mir berücksichtigenswerth, dass in einem der Cystitisfälle, aus dem ich den Proteus züchten konnte, bei dem Kranken auch eine Epididymitis bestand. Aus dem Urin dieses Falles ging allerdings der Proteus nicht in Reincultur hervor, sondern neben ihm noch eine andere, aber nicht pathogene Bakterienart. Es lässt sich daher die ätiologische Beziehung des Proteus zu der Nebenhodenentzündung in diesem Falle ebensowenig behaupten als bestreiten.

Ausser an Kaninchen stellte ich an Meerschweinchen einige Versuche mit meinen Proteusculturen[1]) an. Intraperitoneale Impfung rief keine ersichtlichen Störungen hervor. Subcutane Application bewirkte die Entstehung von ziemlich rasch sich wieder resorbirenden Infiltraten. Hingegen wurden weisse Mäuse durch subcutane Application geringer Mengen der genannten Culturen zumeist innerhalb weniger Tage getödtet, und waren in diesen Fällen Bacillen an der Impfstelle, im Blut und in den inneren Organen nachweisbar. Ein geringer Theil der inficirten Mäuse überstand die Infection unter Bildung eines Abscesses an der Impfstelle, der reichlich Bacillen enthielt und ziemlich

---

[1]) Und zwar aus cystischem Urine gezüchteten Proteusculturen.

langsam ausheilte. Bei zwei Hunden rief die subcutane Application desselben Bacillus keinerlei Reaction hervor.

Wenn ich die Versuchsergebnisse, die ich mit dem aus cystitischem Harne gezüchteten Proteus erhielt, überblicke, so muss ich mich der Meinung derjenigen Autoren anschliessen, die dem Proteus infectiöse Eigenschaften zuerkennen. Hauser selbst hält den Proteus nur für toxisch wirksam und hebt auch bei seinem unlängst mitgetheilten Funde des Proteus neben Streptococcus pyogenes bei einer menschlichen Phlegmone [1]) hervor, dass er ein actives Eindringen des Proteus in das lebende menschliche Gewebe für ausgeschlossen halte. Für einfach toxische Einwirkung des Proteus vulgaris sprechen sich auch Bordoni-Uffreduzzi [2]) und Hlawa [3]) aus. Foà und Bonome [4]) glauben an eine infectiöse Wirkung des Proteus Hauser, doch werden ihre Ausführungen von Baumgarten als nicht beweisend bezeichnet. Karlinski [5]) züchtete aus einer Unterschenkel-Phlegmone einen dem Proteus Hauser sehr ähnlichen, meiner Ansicht nach mit diesem identischen Bacillus. Die subcutane Impfung weisser Mäuse mit diesem Bacillus tödtete die Versuchsthiere innerhalb 24 Stunden. Subcutane Application desselben Bacillus bei Kaninchen erzeugte Hautgeschwüre, und nach 5 bis 7 Tagen erfolgte unter starker Abmagerung der Versuchsthiere der Tod derselben, also ein ähnliches Resultat wie es Krogius mit seinem Urobacillus erzielte. Erwähnenswerth erscheint mir noch, dass Karlinski besonders den raschen Uebergang der injicirten Bacillen in den Urin, und zwar speciell bei den weissen Mäusen hervorhebt. Dieses rasche Passiren der Nieren scheint mir dem bei meinen Versuchen constatirten raschen Uebergang der in die Blutbahn injicirten Bacillen in den Urin bei Kaninchen zu entsprechen.

---

[1]) Münchener medicinische Wochenschrift 1892.
[2]) Baumgarten, Jahresbericht 1889, p. 385.
[3]) Baumgarten, Jahresbericht 1888, p. 282.
[4]) Baumgarten, Jahresbericht 1887, p. 336.
[5]) Central-Blatt für Bakteriologie 1889.

Ich habe bereits oben gesagt, dass mir die in mehreren Versuchen constatirte Erzeugung metastatischer Abscesse die infectiöse Wirkung der aus cystitischem Harne gezüchteten Proteusculturen auf Thiere unbedingt zu beweisen scheint. Die wesentliche Frage ist aber wohl die, ob der Proteus beim Menschen pathogen zu wirken vermöge. Hauser fand seinen Proteus nicht nur auf jauchigen Geschwüren, bei Carcinoma uteri und puerperaler, jauchiger Endometritis, sondern auch in der Bauchhöhle, in einem Falle von jauchig eitriger Peritonitis nach Totalexstirpation des carcinomatösen Uterus. Leider gibt Hauser nicht an, ob in letzterem Falle neben dem Proteus noch andere Bakterien, insbesondere die bekannten Eiterungserreger vorhanden waren. Karlinski fand seinen schon erwähnten Bacillus, ausser in einem Falle von Unterschenkel-Phlegmone, auch noch in dem »eitrig fibrinösen Ergusse einer an Septopyämie gestorbenen Wöchnerin, wie auch in den im Uterus und den Adnexen befindlichen Abscessen, ohne jede Beimengung anderer Organismen«. Karlinski hält allerdings den von ihm in den genannten Fällen gefundenen und daher, sowie mit Rücksicht auf seine Thierexperimente, mit Recht für pathogen gehaltenen Mikroorganismus für mit dem Proteus Hauser nicht identisch, doch möchte ich diese seine Auffassung nicht für unbedingt erwiesen erachten. Morphologische und culturelle Aehnlichkeiten mit dem Proteus gibt Karlinski nicht nur zu, sondern er betont sogar ausdrücklich, dass erst die weitere Untersuchung zur Differenzirung führte. Dass Karlinski eben wieder wie Hauser das pleomorphe Bakterium aus einer puerperalen Infection züchten konnte, darf ebenfalls nicht ausser Acht gelassen werden. Was die Gewinnung desselben Mikrobions aus einer Phlegmone betrifft, so muss betont werden, dass Hauser, wie erwähnt, unlängst seinen Proteus aus einer Phlegmone der oberen Extremität neben Streptococcus pyogenes züchten konnte, und dass ich den Proteus aus dem Eiter einer Perispermatitis (neben anderen Bakterien) isoliren konnte, die sich an eine Sectio alta wegen Blasensteins anschloss. Aus dem cystitischen Urin desselben Kranken konnte ich vor und nach der Operation den Proteus züchten. Es bleibt also zur Differenzirung von Karlinski's Bacillus vom Proteus vulgaris, nachdem er auch den Färbemitteln gegenüber ein ganz identisches Verhalten aufweist, nur noch das Thierexperiment übrig. Vergleicht man nun die Resultate Karlinski's mit denen Hauser's, so ergeben sich wohl grosse Unterschiede. Betrachtet man aber ausserdem die Versuchsergebnisse Krogius' und die meinen, so ergibt sich mit sehr grosser Wahrscheinlichkeit der Schluss, dass die toxischen und infectiösen Eigenschaften einer als Proteus zu bezeichnenden Bakterienart innerhalb weiter Grenzen variiren und dass der Proteus nicht nur in Beziehung auf seine Morphologie, sondern auch in Beziehung auf seine pathogenen Eigenschaften seinen Namen vollauf verdient.[1])

Wenn ich nun überzeugt von der Identität der genannten Arten untereinander unbedingt für thierpathogene Eigenschaften des Proteus mich ausspreche, die natürlich wie bei anderen Bakterienarten so auch hier je nach Provenienz, Alter etc. wechseln können, so liegt die Entscheidung nicht so einfach betreffs der pathogenen Bedeutung der Proteusarten für den Menschen. Hauser gibt leider nicht an, ob bei den von ihm erwähnten Fällen von puerperaler, jauchiger Endometritis, resp. von jauchig-eitriger Peritonitis nach Totalexstirpation des carcinomatösen Uterus, der Proteus in Reincultur vorhanden war, in welchem Falle seine pathogene Natur ziemlich sicher festgestellt wäre. Hingegen hat Karlinski seinen Bacillus, dessen Identität mit dem Proteus mir, wie gesagt, mehr als wahrscheinlich erscheint, in einem Falle von puerperaler Sepsis bei vollkommener Abwesenheit aller anderen Mikroorganismen gewinnen können. Ferner hat Welch[2]) in einem ovariellen Abscess bei purulenter Salpin-

---

[1]) Wie schon erwähnt, bin ich geneigt, auch Hajek's Bacillus Ozoenae foetidus als Proteus aufzufassen und würde er sich seinen pathogenen Eigenschaften nach dem Proteus Krogius (Urobacillus liquefaciens septicus) zunächst einreihen lassen.

[2]) Americ. Journal of the Med. Scienc. November 1891. Ref in Fortschr. d. Med. 1892 Bd. X. 6.

gitis den Proteus Zenkeri in Reincultur gefunden. Schliesslich hat unlängst Neumann[1]) einen Fall von Sepsis mitgetheilt (Apoplexia, Incontinentia alvi et urinae, Cystitis, Nierenabscesse, acuter Milztumor), in dem der Proteus wohl ätiologisch eine Rolle gespielt haben muss, da er sich aus Herzblut, Milz und Nieren züchten liess. Nur aus den Nierenabscessen gewann Neumann einen Coccus in Reincultur. Allerdings wird durch den letzterwähnten Befund die bakteriologische Deutung des Falles wesentlich schwieriger. Fasst man nämlich die Nierenabscesse als embolischen Ursprungs auf, so wären die Coccen wohl wahrscheinlich aus der Milz und dem Herzblut zu züchten gewesen, es sei denn, dass der ebenfalls schon intra vitam in der Blutbahn befindliche Proteus nach dem Tode des Individuums rasch den Coccus überwuchert hätte. Sonst bliebe noch die Annahme übrig, die Abscesse in der Niere seien nicht embolischen Ursprungs, sondern Folge einer Einwanderung von in der Blase ansässigen Coccen, die eben an den Stellen, wo sie Abscesse veranlassten, die Proteusentwicklung hinderten, der septische Process sei aber einzig und allein durch den Proteus bedingt gewesen. Allerdings ist in meinen Augen, wenn der Proteus der für Sepsis verantwortlich zu machende Mikroorganismus ist, die Annahme sehr wahrscheinlich, dass die Infection von der cystitisch erkrankten Blase ausgegangen ist. Andererseits ist auch eine Infection vom Darme insoferne nicht absolut auszuschliessen, als ja der Proteus häufig im Darmtracte und im Kothe gefunden wird. Die im Sectionsbefunde bemerkte Cystitis, sowie der Befund von Abscessen in der Niere (Abscesse in anderen Organen werden nicht erwähnt), lassen wohl die Möglichkeit als die nächstliegende erscheinen, dass der Process in der Blase der Ausgangspunkt der Sepsis gewesen sei. Jedenfalls weist der Neumann'sche Fall darauf hin, dass der Proteus in der menschlichen Sepsis in Betracht kommen könne. Bonome und Foà[2]) fanden bei einem unter den Erscheinungen des Ileus verstorbenen Manne

---

[1]) Zeitschrift für klinische Medicin 1891, Band 19, Seite 143.
[2]) Citirt nach Baumgarten, Jahresbericht 1887, Seite 306.

in allen Organen, sowie im Blute den Proteus vulgaris. Die aus diesem Falle gewonnenen Culturen ergaben für Versuchsthiere (Kaninchen, Mäuse, Ratten, Meerschweinchen und Hühner) eine deletäre Wirkung, die von Bonome und Foà als infectiöse, von Baumgarten aber als toxische betrachtet wird. Auch was die Rolle betrifft, die der Proteus im Krankheitsverlaufe des Menschen spielte, aus dessen Cadaver er gewonnen wurde, geht die Ansicht von Klebs und Baumgarten dahin, dass eine ätiologische Beziehung in diesem Falle keineswegs nachgewiesen sei.

Wie aus den vorhergehenden Angaben ersichtlich, ist eine infectiöse Wirkung des Proteus auf den Menschen, wenn wir das Wort infectiös in jenem streng umschriebenen Sinne auffassen, den ihm Koch gegeben, durchaus nicht einwandsfrei erwiesen. Ganz anders fällt die Antwort jedoch aus, wenn wir die Frage in der Weise formuliren, ob dem Proteus bei irgend einem Krankheitsprocesse des Menschen eine ätiologische Rolle zufällt. Diese Frage muss nach den Resultaten der vorstehend berichteten Untersuchungen bejaht werden. Es muss zugegeben werden, dass die Varietäten des Proteus vulgaris die Fähigkeit besitzen, beim Menschen eine eitrige Harnblasenentzündung hervorzurufen. Er wurde bisher 20 mal aus dem cystitischen Urin gezüchtet (dreimal von Krogius, 17mal von mir), darunter 9mal in Reincultur. Ich war aber auch einmal in der Lage, gelegentlich der Obduction einer Frau, aus deren cystitischem Harne ich intra vitam den Proteus gezüchtet hatte, aus beiden Nierenbecken dasselbe Bakterium zu gewinnen. Nach den Angaben von Hauser, Karlinski und Welch ist es aber weiterhin auch sehr wahrscheinlich, dass bei den das weibliche Genitale betreffenden Infectionen (Endometritis: Hauser, Karlinski; Ovarialabscesse: Welch) dem Proteus nicht allzuselten eine Rolle zufällt.

Nunmehr kann ich mich der schon einmal berührten Frage zuwenden, worauf es wohl zurückzuführen sein mag, dass ich in einer verhältnissmässig so grossen Anzahl von Fällen den Proteus aus dem cystitischen Harne züchten konnte, während er in den Untersuchungsreihen so vieler anderer auf diesem Gebiete Forschender[1]) stets vermisst wurde und nur noch von Krogius gefunden worden ist. Die Antwort erscheint mir eine sehr naheliegende und befriedigende zu sein. Es beruht der erwähnte Befund, resp. seine Häufigkeit auf dem Umstande, dass ein grosser Theil der von mir untersuchten Cystitiskranken Frauen waren, die wegen Uterus-Carcinoms operirt worden waren. Da nun auf jauchenden Carcinomen der Proteus kaum je vermisst wird, so wird er in diesen Fällen auch in der Vagina und Vulva sich befunden haben, und seine Einschleppung mittelst des Katheters in die Blase dürfte nicht zu vermeiden gewesen sein. Da aber, wie ich früher ausgeführt habe, für den Proteus die zwischen zwei Katheterisationen gelegene Zeit von circa fünf Stunden zu genügen scheint, um eine Cystitis zu erregen oder wenigstens vorzubereiten, so erscheint mir nicht nur die Frage nach der Herkunft des Proteus in meinen Cystitis-Fällen erledigt, sondern es erscheint mir auch gestattet, darauf hinzuweisen, dass man bei der Katheterisation einer an Uterus-Carcinom leidenden Frau die Desinfection der Urethralmündung mit gesteigerter Vorsicht vornehmen müsse, wenn man auch nur einigermassen sicher der Gefahr einer Cystitis ausweichen will. Dass die durch den Proteus erzeugten Cystitiden recht hartnäckig werden können, bewiesen mir einige der beobachteten Fälle deutlich genug. Auch erscheint es nicht unwahrscheinlich, dass die Heftigkeit der Blasenentzündungen bei Communication zwischen Blase und Darm zum Theil auch in dem Umstande begründet sein mag, dass im Darminhalt der Proteus sich vorzufinden pflegt. Bezüglich der Cystitiden in Folge Durchbruches benachbarter Eiterherde in die Blase hat Rovsing exact bewiesen, was Cohnheim[2]) bereits 1882 mit den Worten ausgedrückt hat: »Wenn ein Abscess von der Niere oder von

---

[1]) An dieser Stelle will ich erwähnen, dass der von Clado, Hallé und Albarran so oft gefundene Bacillus in jüngster Zeit von Achard und Renault, Reblaud und Krogius mit dem Bakterium coli commune, von Morélle mit dem Bakt. lactis aërogenes identificirt wird.

[2]) l. c., pag. 418.

aussen her ins Nierenbecken oder eine submucöse Phlegmone in die Harnblase einbricht, so können die mit dem Eiter hineingelangenden Organismen, wie zur Cystitis und Pyelitis, auch zur alkalischen Harngährung den Anstoss geben.« Da Eiterungsprocesse im Gebiete des weiblichen Genitaltractes, wie wir gesehen haben, nicht allzuselten durch den Proteus veranlasst zu sein scheinen, so könnte dieser wohl auch einmal von daher durch Durchbruch des Eiterherdes in die Blase gelangen. Die vom Proteus bevorzugte Verbreitungsbahn scheinen mir allerdings nach meinen Befunden die Lymphwege zu sein, und es wäre nicht unmöglich, dass von der Oberfläche von Uterus-Carcinomen aus Infectionen der Parametrien durch den Proteus eben auf diesen Bahnen erfolgen könnten. Was die anderen, nicht an Carcinoma Uteri leidenden Individuen bebetrifft, in deren cystitischem Harne ich den Proteus nachweisen konnte, so muss man zunächst für die weiblichen annehmen, dass der Proteus vielleicht nicht so selten in der Vulva zu finden sein dürfe, wofür die oben erwähnten Befunde bei Endometritis etc. sprechen. Für die wenigen Fälle, in denen ich dem Proteus bei Cystitiden von Männern begegnete, kann ich eine befriedigende Erklärung für die Herkunft dieses Mikroorganismus nicht liefern.

Ich habe die Beziehungen des Proteus zur Cystitis am eingehendsten besprochen, nicht nur deshalb, weil ich ihm am häufigsten als Cystitiserreger begegnet bin, sondern insbesondere darum, weil dadurch etwas zur Charakterisirung eines Mikroorganismus beigetragen wird, der uns schon in vielen Beziehungen bekannt und von verschiedenen Gesichtspunkten aus betrachtet interessant ist. Es ist aber sicherlich viel wichtiger, bezüglich eines sehr häufig vorkommenden Mikroorganismus eine sehr detaillirte Kenntniss zu erlangen, als die Zahl jener schwer charakterisirbaren Bakterien zu vermehren, bezüglich deren man bei ihrer Auffindung oft kaum entscheiden kann, ob sie nicht schon früher einmal oder auch öfter beschrieben und benannt worden sind.

Ich will mich daher auch hier nicht in Erörterungen darüber einlassen, ob die anderen Bakterienarten, die ich bei der Cystitis gefunden habe, mit anderen früher beschriebenen identisch sind oder nicht. Jedenfalls haben sie keine derartige Aehnlichkeit mit den bisher bekannt gewordenen Urethralbakterien, dass ihr Ursprung aus der Urethra als sichergestellt betrachtet werden könnte. Es erscheint mir daher auch nicht möglich, die Infectionsquelle für diese Gruppe von Cystitiden mit Sicherheit in die Urethra zu verlegen, obwohl dies schon aus dem Grunde höchst wahrscheinlich erscheint, weil die angewendeten Katheter stets höchst sorgfältig desinficirt waren. Allerdings ist eine ganz exacte Desinfection bei den nicht metallischen Kathetern schwer möglich, da sie zum grössten Theile hohe Temperaturen nicht vertragen und das Liegen in Sublimat oder Carbol schon darum nicht allen Anforderungen entsprechen kann, weil ja häufig genug eine dem Katheter noch anhaftende Oel- oder Fettschichte die Wirkung der desinficirenden Flüssigkeit illusorisch macht. Aeusserlich keimfrei werden wohl Katheter und Bougie, wie Schimmelbusch[1]) hervorhebt, bereits durch festes Abreiben mit einem in Sublimatlösung oder warmem Wasser angefeuchteten sterilen Tupfer; schwieriger zu desinficiren ist jedoch das Lumen des Katheters. Metallkatheter wird man einfach einige Minuten lang in siedender Sodalösung auskochen. Elastische Katheter müssen sehr energisch mit Sublimatlösung durchgespritzt werden, falls sie nicht, wie die von Albarran[2]) angegebenen, ebenfalls ausgekocht werden können. Jedenfalls ist die Desinfection der Katheter weit schwieriger als zumeist angenommen wird, und es erscheint angezeigt, dieselbe ebenso wenig wie die Desinfection anderer Instrumente dem Wartepersonal zu überlassen. Ist nun die Desinfection der Katheter, wenn auch schwierig, so doch möglich, so erscheint hingegen diejenige der Urethra nach den oben erwähnten Untersuchungen von Petit und Wassermann unmöglich zu sein. Rovsing's Versuche über Prophylaxe der Cystitis (Injection von 5—10 cm^3 einer 2% Lapislösung in die Blase für die Dauer von 4—5 Minuten) müssen wohl in Bezug auf ihre praktische Durchführbarkeit noch geprüft werden.

---

[1]) Aseptische Wundbehandlung, Berlin, Hirschwald 1892.
[2]) Citirt nach Schimmelbusch.

Bei dem Umstande, dass die Bakterien der Urethra auf und zwischen dem Epithel liegen und durch, wenn auch dünne Schleimschichten gedeckt sind, können uns diese Desinfectionsschwierigkeiten nicht Wunder nehmen, und wir müssen uns mit dem Gedanken vertraut machen, dass kaum jemals verhindert werden kann, dass mit dem Katheter Bakterien in die Blase eingeführt werden. Glücklicherweise gelangen sie zumeist sofort wieder durch denselben Katheter, der sie in die Blase befördert hat, nach aussen. Einzelne übrig gebliebene Keime gelangen mit der nächsten Urinentleerung nach aussen und haben meist nicht Zeit genug zur Entfaltung ihrer etwaigen schädlichen Eigenschaften. Dass dieses bei dem Proteus unglücklicherweise anders bestellt ist, wird allerdings durch den Umstand gut gemacht, dass er kein habitueller Urethralbewohner ist; wäre er dies, so würde, meiner Ueberzeugung nach, die grosse Mehrzahl der Katheterisationen eine Cystitis zur Folge haben. Auch die pilztödtende Eigenschaft des Harnes habe ich dem Proteus gegenüber nicht constatiren können. Auch im unsterilisirten Harne gedeiht der Proteus gut und zersetzt den Harnstoff rapid, und eben dieser letztere Umstand scheint es zu sein, der ihn gegen die pilztödtende Eigenschaft des Harnes schützt, indem, wie dies Richter (l. c.) dargethan hat, nur der native sauere Harn, nicht der durch Harnstoffzersetzung ammoniakhaltige baktericid wirkt.

In keinem der von mir in dieser Untersuchungsreihe berücksichtigten Cystitisfälle war ich genöthigt, auf andere Infectionsquellen als auf Urethra, resp. Vulva und Katheter zu recurriren. Es liefert daher die vorliegende Arbeit nur einen Beitrag zu jener Form der Cystitis, bei welcher die Infection auf dem Wege der Urethra, und zwar durch Einführung eines Instrumentes erfolgt ist. Und als das Resultat meiner Untersuchungen möchte ich den Satz aufstellen, dass wir nicht immer genöthigt sind, zum Zustandekommen einer Cystitis ausser der Einführung der Bakterien auch noch eine mechanische Verletzung oder eine Retentio urinae im Sinne der Thierversuche Guyon's und Rovsing's anzunehmen, sondern dass unter gewissen Umständen — als deren wesentlichster mir die Raschheit erscheint, mit welcher die eingeführten Bakterien sich in der Blase vermehren und ihre schädlichen Producte erzeugen können — auch ohne die zwei erwähnten Hilfsmomente, die Einführung der Bakterien allein eine eitrige Blasenentzündung hervorrufen kann.

Die hier berichteten Untersuchungen habe ich unter Leitung des Herrn Prof. Weichselbaum ausgeführt, dem ich für seine vielfache Unterstützung, sowie für die Durchsicht der Präparate zu tiefem Danke verpflichtet bin. Die untersuchten Urine stammten von Kranken der I. chirurgischen Klinik und verdanke ich meinem Chef, Herrn Hofrath Albert, die Erlaubnis zur Verwerthung derselben.

Als ich vorstehende Arbeit, die ich im Jahre 1889 begonnen habe, dem Drucke übergab, erhielt ich das eben erschienene Werk von Dr. Ali Krogius (Recherches bacteriologiques sur l'infection urinaire, Helsingfors 1892) vom Autor freundlichst zugesandt. Ich freue mich, daraus zu ersehen, dass Dr. Krogius in vielen Punkten zu gleichen Resultaten gelangt ist, wie ich, dass er — zur Lösung dieser Frage wahrscheinlich angeregt durch meine vorläufige Mittheilung — die Identität der ehemals von ihm Urobacillus liquefaciens septicus genannten Bakterienart mit dem Proteus Hauser ebenfalls constatirt und die Thatsache bestätigt, dass die einfache Injection dieser Bakterienart in die Blase genügt, um Cystitis zu erzeugen.

Es folgt nunmehr eine Wiedergabe meiner Versuchsprotokolle. Selbstverständlich habe ich aus der Gesammtzahl meiner Versuche nur die wichtigsten und beweisenden hier wiedergegeben. Die Aufzählung jedes einzelnen Versuches wäre zwecklos und würde den Umfang der Publication in unnützer Weise vergrössern.

Versuche mit dem aus cystitischem Urine gezüchteten Proteus.

Intravenöse Injection.

1. Versuch.

25. Jänner 1890. Einem grossen Kaninchen wird 1 cm^3 einer vier Tage alten, mit der gleichen Menge sterilisirten Wassers verdünnten B.-R.-C.[1]) in die rechte Ohrvene injicirt.

26. Jänner. Das Thier scheu. Aus der linken Ohrvene Blut entnommen, aus dem die injicirte Bakterienart durch Cultur gewonnen wird. Aus dem exprimirten Urin wird dieselbe Bakterienart gezüchtet.

27. bis 30. Jänner. Unverändertes Verhalten.

31. Jänner. Das Kaninchen sehr matt, reagirt auf Kneifen etc. fast gar nicht, taumelt häufig hin und her.

1. Februar. Das Thier crepirt. Die Section ergibt eine Milzvergrösserung mässigen Grades, geringe fibrinöse Auflagerungen auf die Pleura des Unterlappens linkerseits, vereinzelte, bis hirsekorngrosse Abscesse in beiden Lungen. Die Nieren blässer, tragen mehrere, bis hanfkorngrosse Abscesse, die über die Oberfläche vorragen, und, sich verschmälernd, beinahe keilförmig in die Rindenschichte sich erstrecken. Die Blasenschleimhaut leicht geschwollen, im Urin massenhaft Eiterkörperchen, viele Sargdeckelkrystalle und Bacillen. (Die Leber riecht intensiv nach Ammoniak.) Im Herzblut finden sich vereinzelte, im Eiter der Nieren- und Lungenabscesse äusserst zahlreiche Bacillen. Aus Herzblut, inneren Organen, den Abscessen und dem Urin wird die injicirte Bakterienart in Reincultur gewonnen. Die mikroskopische Untersuchung ergibt in der Niere: Sehr ausgebreitete trübe Schwellung des Epithels der Harncanälchen, vielfach Nekrose des Epithels der Malpighischen Knäuel, häufig Exsudation in den Kapselraum der letzteren. Ferner findet man eine grössere Zahl von Abscessen, deren grösster dicht unter der Kapsel gelegen ist, ausserdem viele verschieden grosse Rundzellenansammlungen im interstitiellen Gewebe, insbesondere um die Gefässe. In den Abscessen wurden in den Schnittpräparaten nur vereinzelte Bacillen gefunden. In der Blase findet man zwischen den Epithelien vereinzelte polynuleare Leucocyten eingelagert, sowie eine mässige kleinzellige Infiltration des subepithelialen und subserösen Bindegewebes.

2. Versuch.

Ein grosses Kaninchen erhält am 25. Jänner 1890 1 cm^3 einer mit sterilisirtem Wasser verdünnten, vier Tage alten B.-R.-C. in die linke Ohrvene injicirt.

[1]) Bouillon-Reincultur.

26. Jänner. Thier anscheinend gesund. Blutentnahme aus dem rechten Ohr. Anwesenheit der injicirten Bakterienart in der Blutprobe durch Cultur constatirt.

27. Jänner. Wie gestern.

28. Jänner. Das Kaninchen macht den Eindruck des Krankseins, taumelt. Im Urin viel Epithelzellen, wenige Eiterkörperchen. Aus dem Urin wird die injicirte Bakterienart gezüchtet.

29. Jänner. Taumelt noch mehr als gestern, liegt oft auf der Seite. Urin ammoniakalisch. Im Urin Cylinder, Nieren- und Blasenepithelien, Eiterkörperchen. Aus Blut und Harn wird die injicirte Bakterienart durch Cultur gewonnen.

30. Jänner. Zustand wie gestern; im Urin mehr Eiterkörperchen, sonst gleicher Befund wie gestern. Abimpfung aus Blut und Harn positiv.

31. Jänner. Das Thier crepirt. Section eine Stunde später. Dieselbe ergibt beiderseitige Pleuritis, rechts mit serofibrinösem, links mit seropurulentem Exsudate; in demselben zahlreiche Bacillen. In beiden Lungen die Unterlappen verdichtet; Pleura pulmonalis stellenweise ecchymosirt. Milz etwas vergrössert. Beide Nieren erbleicht, tragen einzelne in der Rinde sitzende bis hanfkorngrosse Abscesse. Blase leer. — Die bakteriologische Untersuchung ergab im Herzblut, Nieren, pleuralen Exsudat und im Safte der infiltrirten Lungenpartien zahlreiche Bacillen, deren Identität mit den injicirten durch Cultur sichergestellt wurde.

Die mikroskopische Untersuchung der Nieren ergab ausser den bereits makroskopisch constatirten Abscessen, zahlreiche kleinere, im Nierengewebe gelegene, reichliche Rundzelleninfiltration um die Gefässe, das Harncanälchenepithel trüb geschwellt, stellenweise abgängig, das Epithel der Randschlingen der Glomeruli zumeist nekrotisch, zwischen Malpighi'schen Knäuel und Bowman'scher Kapsel in den meisten Glomerulis feinkörniges Exsudat. In einzelnen Abscessen und Harncanälchen konnten auch in Schnitten Bacillen nachgewiesen werden. In den Lungen entsprechend den verdichteten Partien Rundzellenanhäufungen im interstitiellen Gewebe und theilweise auch die Alveolen von Leucocyten erfüllt.

In diesen beiden Fällen (Versuch 1 und 2) kann wohl nicht eine einfache toxische Einwirkung angenommen werden, sondern man muss mit Rücksicht auf die Nachweisbarkeit der lebensfähigen Mikroorganismen im Blute und in den Organen sechs Tage nach erfolgter Infection, sowie mit Rücksicht auf die Herderkrankungen der Nieren und Lunge den Process als Infection ansprechen.

3. Versuch.

3. Februar 1890. Einem grossen Kaninchen wird 1 cm^3 eines zwei Tage alten aufgeschwemmten A.-R.-C.[1]) (die aus einem Nierenabscess des Kaninchens, 1. Versuch, gewonnen war) in die Ohrvene injicirt.

4. Februar. Thier anscheinend gesund. Urin (durch Expression, wie gewöhnlich, gewonnen) enthält einzelne Eiterkörperchen; Abimpfung aus dem Urin ergibt Anwesenheit der injicirten Bakterienart.

5. Februar. Thier scheu. Abimpfung aus dem Blut ergibt negatives Resultat. Expression misslingt. Daher Katheterisation. Im Urin wenig Eiterkörperchen. Im Urin die Bacillen durch Cultur nachweisbar.

7. Februar. Thier anscheinend gesund. Exprimirter Urin milchig, trüb, ammoniakalisch, enthält Eiter in kolossaler Menge, die Eiterkörperchen meist zu grossen Haufen zusammengeballt; ziemlich viele Bacillen mikroskopisch nachweisbar; die Cultur ergibt ihre Identität mit der intravenös injicirten Bakterienart.

8. bis 17. Februar. Während das Thier sonst keine Krankheitssymptome aufweist, ergibt die täglich vorgenommene Untersuchung des durch Expression gewonnenen Urines stets den gleichen Befund: einen so reichlichen Eitergehalt, dass der Harn reinem Eiter beinahe gleicht, viele Bacillen, deren Identität mit den injicirten durch Cultur täglich nachgewiesen wurde, mässig zahlreiche Blasenepithelien, vereinzelte rothe Blutkörperchen. — Mir war bei diesem Befunde und mit Rücksicht auf die Ergebnisse der Versuche 1 und 2 am wahrscheinlichsten, dass der Eitergehalt des Urines dem Durchbruche eines Nierenabscesses in die Harnwege seinen Ursprung verdanken dürfte. Um endlich die Quelle des Eiters zu eruiren, wurde das Thier am 17. Februar getödtet. Die Section ergab schlaffe, flache Nieren. Die Blasenschleimhaut injicirt. **Der linke Nebenhoden und das Vas deferens geschwellt und von Eiter erfüllt. Samenbläschen mit Eiter erfüllt.** Im Eiter mikroskopisch und durch Cultur die Bacillen nachweisbar, ebenso im Urin. Bakteriologische Untersuchung von Herz, Milz und inneren Organen (auch Nieren) ergibt negatives Resultat.

Die mikroskopische Untersuchung ergibt in den Nieren: ausgebreitete trübe Schwellung des Epithels der Harnkanälchen, zahlreiche Harnkanälchen von körnigen Massen erfüllt. Stellenweise Randschlingen-Epithelnekrose der Malpighi'schen Knäuel. Im interstitiellen Gewebe einzelne Anhäufungen mehrkerniger Rundzellen.

In der Blase die oberflächlichen Schichten etwas zellreicher, in den tiefen (submusculösen) Schichten sieht man **vereiterte**

---

[1]) Agar-Reincultur.

Thromben in den Venen; das perivesicale Gewebe kleinzellig infiltrirt. Im Nebenhoden sieht man die Ausführungsgänge mit Eiter erfüllt. Im Eiter findet man (in Schnittpräparaten) mässig zahlreiche Bacillen, die oft zu zwei der Länge nach aneinanderhängen.

In diesem Falle haben also die injicirten Bacillen die Nieren passirt. Sie haben, wie die mikroskopische Untersuchung der Nieren ergab, diese selbst, sowohl in Bezug auf das Parenchym als in Bezug auf das interstitielle Gewebe, entschieden afficirt. Die Bacillen befanden sich bereits im Urine, als ich, zwei Tage nach der intravenösen Injection, das Thier katheterisirte. Nach diesem Katheterismus trat eine Pyurie auf, als deren Ursache sich eine eitrige Epididymitis vorfand. Diese eitrige Epididymitis war selbst wieder durch denselben Bacillus — also Proteus vulgaris — veranlasst, der wenige Tage früher in die Ohrvene des Kaninchens injicirt worden war. Nun können die Mikroorganismen auf dreierlei Art und Weise in den Nebenhoden gelangt sein: 1. auf dem Blutwege, 2. von der Blase oder Urethra aus auf dem Wege der Lymphbahnen und 3. durch die Ausführungsgänge.

Gegen die Auffassung der Epididymitis als einer hämatogenen, spricht das Fehlen jeder anderen derart zu erklärenden Erkrankung in diesem Falle. Die Verbreitung auf dem Wege der Lymphbahnen kann ich nach meinen Präparaten eben so wenig bestimmt behaupten, als bestimmt in Abrede stellen.

Die Einschleppung der Mikroorganismen auf dem Wege der ausführenden Canäle erscheint mir jedoch am wahrscheinlichsten, weil dann das Auftreten im Anschluss an einen Katheterismus derselben Auffassung näher gerückt wäre, die auch für das Entstehen einer Katheterisationsepididymitis beim Menschen acceptirt ist. Die kleinzellige Infiltration des perivesicaen Gewebes und das Bestehen vereiterter Thromben kann in der Umgebung eines solchen Eiterherdes nicht Wunder nehmen.

Dass ein Katheterismus nicht unbedingt nöthig ist, um bei einem mit Proteus inficirten Kaninchen Epididymitis hervorzurufen, beweist der sofort zu erwähnende Versuch, den ich naturgemäss gleich hier anführe, obwohl er später vorgenommen wurde.

4. Versuch.

16. October 1890. Ein grosses Kaninchen erhält intravenös 1 cm^3 einer verdünnten, zwei Tage alten A.-R.-C.

17. October. Sichtlich krank. Expression: Urin ohne Formelemente. Enthält die gestern in die Ohrvene injicirte Mikroorganismenart (Culturprobe).

18. October. Zustand wie gestern. Im Urin (Expression) ziemlich viele Eiterkörperchen.

20. October. Urin gleicht reinem Eiter, enthält viele Bacillen. Cultur ergibt ihre Identität mit der injicirten Art.

21. October. Thier moribund. Getödtet. Sofort Section. Befund, betreffend Pleurahöhle, Lungen, Herz, normal, Milz etwas grösser, Nieren erbleicht, Blase voll, Urin wie gestern. Rechts Hoden, Nebenhoden und Vas deferens ohne abnormen Befund. **Links Nebenhoden und Vas deferens mit Eiter ganz erfüllt.**

Die bakteriologische Untersuchung ergab nur mehr im Eiter und Urin das Vorhandensein lebender Mikroorganismen, und zwar mit der injicirten Art identischer. Aus dem Herzblut, Milz und Nieren angelegte Culturen blieben steril.

Die mikroskopische Untersuchung ergab in den Nieren hochgradige trübe Schwellung des Epithels der Harnkanälchen, in vielen derselben körnige Massen; fast an allen Glomerulis Epithelnekrose, Exsudation körniger Massen aus denselben, im interstitiellen Gewebe einige Rundzellananhäufungen, insbesondere um die Gefässe.

In der Blase zeigt sich zunächst im Lumen Eiter und Blasenepithel in grösserer Menge; zwischen die Epithelien der Schleimhaut sind ziemlich viele Eiterkörperchen eingelagert. Die subepitheliale Schichte etwas zellreicher als normal, die subseröse Schichte ziemlich reich an Rundzellen, insbesondere um einzelne Gefässe Rundzellenansammlungen. Im Lumen, in der Epithelschichte und in der subserösen Schichte sind Bacillen (an Schnittpräparaten) in spärlicher Anzahl sichtbar.

Das bezüglich des früheren Versuches erwähnte gilt auch hier, nur fehlt der im ersteren Falle als Hilfsmoment herbeigezogene Katheterismus. Vielleicht hat auch die Expression ein Hineingelangen von Bakterien aus der Urethra in die Einmündungsstelle der samenführenden Organe begünstigt. Den stricten Beweis für die von mir supponirte Entstehungsweise der Epididymitis bin ich nicht zu liefern im Stande. Unzweifelhaft sicher ist nur, dass sie, wie im 3. Versuche, durch den intravenös injicirten Proteus vulgaris hervorgerufen war.

5. Versuch.

20. Februar 1890. Ein grosses Kaninchen erhält 1 cm^3 einer aufgeschwemmten A.-R.-C. in die Ohrvene injicirt.

21. Februar. Anscheinend gesund. Mikroskopisch im Urin nichts Abnormes nachweisbar. Durch Cultur werden im Blut und im Urin mit den intravenös injicirten identische Bacillen nachgewiesen.

22. Februar. Kaninchen taumelt hin und her. Im Urin einzelne Eiterkörperchen.

24. Februar. Thier crepirt. Section: Milz vergrössert, Nieren erblasst, Blase voll. Im Urin viele rothe und weisse Blutkörperchen, zahlreiche Cylinder. Bacillen im Herzblut, Harn und den inneren Organen durch Cultur nachweisbar. Die mikroskopische Untersuchung ergab in den Nieren ausgebreitete trübe Schwellung des Harncanälchenepithels, in vielen Harncanälchen liegen körnige Massen; Glomeruli weisen oft Nekrose des Epithels der Randschlingen auf; häufig zwischen Malp. Knäuel und Bowmann'scher Kapsel körniges Exsudat. Das interstitielle Gewebe stellenweise kleinzellig infiltrirt. In einzelnen Gefässen und Harncanälchen in Schnittpräparaten Bacillen nachweisbar. Auch die Blasenschleimhaut weist entzündliche Erscheinungen auf, indem sich Eiterkörperchen in die Epithelschichte eingetragen fanden und das subepitheliale Gewebe zellenreicher war.

Es crepirte also das Kaninchen vier Tage nach erfolgter intravenöser Infection und fand sich ausser Milztumor Nephritis und geringe entzündliche Veränderung der Blasenschleimhaut. Die Bakterien hatten die Nieren bereits innerhalb der ersten 24 Stunden passirt.

6. Versuch.

14. Mai. Ein mittelgrosses Kaninchen erhält 1 cm^3 einer mit sterilisirtem Wasser verdünnten G.-R.-C.[1]) in die Ohrvene.

15. Mai. Im exprimirten Urin wenige weisse Blutkörperchen und Bacillen, die mit den injicirten identisch sind. (Culturprobe.)

17—20. Mai. Im Urin viele Eiterkörperchen, sonst nichts Auffallendes.

21. Mai. Das Thier crepirt. Section ergibt geringen Milztumor, erbleichte Nieren; Blase leer.

Der Befund an der Niere wie im vorigen Versuche.

Die mikroskopische Untersuchung der Blase ergibt: Zwischen die Epithelzellen sind ziemlich zahlreiche Eiterkörperchen eingestreut. Die subepitheliale Schichte auffallend zellreich, die submusculare

---

[1]) Gelatine-Reincultur.

ebenfalls reichlich von Rundzellen durchsetzt, einzelne ihrer Lymphgefässe mit Eiter gefüllt.

Bei dem Umstande, dass Eiter in den Lymphwegen des perivesicalen Gewebes gefunden wurde, erscheint mir eine Infection desselben von der Blasenschleimhaut resp. dem Urine her viel wahrscheinlicher als eine von der Blutbahn direct eingeleitete. Auch die Entzündungsmerkmale der Blasenschleimhaut in ihren oberflächlicheren Schichten weisen auf diesen Gang der Infection hin.

7. Versuch.

16. October. Ein mittelgrosses Kaninchen erhält 1 cm^3 verdünnter Aufschwemmung einer A.-R.-C. von 2 Tagen Alter in die Ohrvene.

17. October. Thier sichtlich krank. Im exprimirten Urin ziemlich viele weisse Blutkörperchen. Bacillen im Urin nachweisbar. Identität derselben mit der injicirten Art durch Cultivirung constatirt.

18. October. Thier krank. Urin ammoniakalisch, enthält viel Eiter, mässig viele Bacillen.

20. October. Thier crepirt. Bei der Section fand sich ein ziemlich beträchtlicher acuter Milztumor, trübe Schwellung der Nieren, einzelne verdichtete Stellen in beiden Lungen. Blase voll; im Urin ziemlich viel Eiter und Bacillen. Im Herzblut wenige Bacillen. Culturversuche ergeben aus Herz, Urin und den inneren Organen die injicirte Bakterienart in Reincultur. Die Niere ergab, mikroskopisch untersucht, den gleichen Befund wie in den beiden früher erwähnten Fällen, nur war die zellige Infiltration des interstitiellen Gewebes intensiver, besonders um die Gefässe. Sowohl in einzelnen Harncanälchen als auch in einzelnen Rundzellenansammlungen wurden in Schnittpräparaten Bacillen aufgefunden.

Die Blasenschleimhaut erweist sich in den tiefen Schichten als stellenweise ziemlich reich an mehrkernigen Rundzellen; auch im subserösen Fettgewebe finden sich einzelne Rundzellenanhäufungen. Sowohl in einzelnen Gefässen als in einzelnen Rundzellenanhäufungen Bacillen sichtbar.

Der Versuch verlief also ganz analog dem Versuch 6; wiederum ergab die Section nephritische Veränderungen und entzündliche Veränderungen geringeren Grades an der Blasenschleimhaut. Dass letztere wiederum nicht direct hämatogenen Ursprunges gewesen sein dürften, sondern erst durch Wirkung der im Urine befindlichen und in diesem bereits 24 Stunden nach erfolgter intravenöser Infection nachweisbaren Bakterien hervorgingen, das macht mir der Umstand wahrscheinlich, dass die allerdings fast nur in den tieferen Schichten ausgeprägten Entzündungserscheinungen den gleichen diffusen Charakter trugen, den ich mehrmals nach directer Injection desselben Mikroorganismus in die Blase beobachten konnte.

8. Versuch.

8. Juni. Ein kleines Kaninchen erhält 1 cm^3 einer verdünnten, 3 Tage alten B.-R.-C. in die Ohrvene injicirt.

9—14. Juni. Das Thier anscheinend wohl. Culturversuche aus Blutproben und Urin positiv. Im Urin in den letzten Tagen ziemlich viele Eiterkörperchen.

15. Juni. Das Thier crepirt. Section ergibt zunächst eine nicht unbeträchtliche Milzvergrösserung, geschwellte und erbleichte Nieren; in beiden Lungen einige infiltrirte Stellen an der Peripherie. Im Urin viele Sargdeckelkrystalle, sehr viele Bacillen, mässig viele Eiterkörperchen. In der Milz mikroskopisch (Abstreifpräparat) einzelne Bacillen nachweisbar. Die Abimpfung ergibt aus dem Urin und den Nieren die eingeimpfte Bakterienart in Reincultur; aus dem Herzblut angelegte Culturen bleiben steril.

Die mikroskopische Untersuchung der Nieren ergibt hochgradige trübe Schwellung des Epithels der Harncanälchen, die meisten Harncanälchen von körnigen Massen erfüllt. Ausgebreitete Nekrose des Randschlingenepithels der Malpighischen Knäuel. Im interstitiellen Gewebe zahlreiche Anhäufungen polynucleärer Rundzellen, besonders um die Gefässe, einzelne kleine Abscesse. Während das Abstreifpräparat und die Culturprobe die Anwesenheit zahlreicher Bacillen in der Niere bewiesen hatte, zeigte die Durchsuchung der Schnittpräparate nur wenige Bacillen innerhalb der Rundzellenanhäufungen.

Die Präparate von der Lunge zeigen eine kleinzellige Infiltration der Pleura und des interstitiellen Gewebes, letztere in den verschiedenen Schnitten von den geringsten bis zu sehr hohen Graden wechselnd. Insbesondere um die Gefässe intensive Rundzellenansammlungen. In den Alveolen stellenweise seröses Exsudat, dem ab und zu desquamirte Epithelien beigemengt sind. Die mikroskopische Untersuchung der Blase zeigt zunächst im Lumen Epithelien, Schleim und Eiter. In der Epithelschicht finden sich einzelne Leukocyten eingelagert. Die tieferen Schichten gleichmässig zellreicher und an einzelnen Stellen, besonders um die Gefässe, auch circumscripte, stärkere Rundzellenanhäufungen aufweisend.

Dem bezüglich der zuletzt erwähnten Versuche Bemerkten wäre hier nur zuzufügen, dass, nach dem negativen Resultat der Impfung aus dem Herzblut zu schliessen, in diesem Falle die Infection bereits einen localisirteren Charakter angenommen hatte, resp.

die Bakterien aus dem strömenden Blute bereits in die Organe abgelagert worden waren. Hätte dieses Thier einige Tage länger gelebt, so wäre es wahrscheinlich auch in diesem Falle zur Bildung makroskopisch sichtbarer Abscesse in den Nieren und Lungen gekommen. Ich habe aus der Reihe meiner intravenösen Injectionsversuche die vorstehend angeführten genauer wiedergegeben, weil sie diejenigen sind, aus denen mir am unzweifelhaftesten die pathogene und infectiöse Wirkung der Bakterienart im Allgemeinen, ihre starke Wirkung auf die Nieren, ihre zweifellose Einwirkung auf die Blase im Speciellen hervorzugehen scheint.

In einem Theil der Fälle trat nach intravenöser Injection nach rasch vorübergehendem Unwohlsein der Thiere wieder vollkommenes äusserliches Wohlbefinden ein. Dass aber auch hier oft 24 Stunden nach der Injection die injicirten Bakterien im Urine nachweisbar sind, habe ich bereits erwähnt, und dass dieses äussere Wohlbefinden mitunter nur ein scheinbares ist, beweist der

9. Versuch.

11. Februar. Ein grosses Kaninchen erhält 1 cm^3 einer aufgeschwemmten, vier Tage alten A.-R.-C. in die linke Ohrvene.

12. Februar. Das Thier macht einen kranken Eindruck. Im exprimirten Urin spärliche Leukocyten. Aus dem Urin wird die 24 Stunden früher intravenös injicirte Bakterienart in Reincultur gewonnen.

13. Februar. Das Kaninchen erscheint noch krank.

14—20. Februar. Das Thier macht einen gesunden Eindruck. Im Urin stets mehr oder weniger Leukocyten, mitunter auch einzelne rothe Blutkörperchen nachweisbar. Die Anwesenheit der Bacillen im Urin wird täglich nachgewiesen.

21. Febr. Das anscheinend gesunde Thier, in dessen Urin an diesem Tage ziemlich viele weisse Blutkörperchen sich befinden, wird getödtet. Bei der Section zeigen sich ausser einer Schwellung der Nieren keine pathologischen Veränderungen. Die Abimpfung aus dem Herzblut und den inneren Organen — auch den Nieren — ergibt negatives Resultat, alle angelegten Culturen bleiben steril, mit Ausnahme der mit Urin geimpften, die den Proteus in Reincultur ergeben.

Die mikroskopische Untersuchung der Nieren ergibt: Ausgebreitete trübe Schwellung und an einzelnen Stellen Nekrose des Epithels der Harncanälchen. Das Epithel der Randschlingen der Glomeruli häufig nekrotisch, an zahlreichen Glomerulis Hämorrhagien zwischen den Gefässschlingen und der Bowman'schen Kapsel, an anderen körniges Exsudat im Kapselraume nachweisbar.

Das interstitielle Gewebe zeigt zahlreiche Rundzellenanhäufungen. — In der Blasenschleimhaut zeigt nur die subepitheliale Schichte einen grösseren Zellenreichthum. — Hier bestand also bei einem äusserlich schon wieder gesund erscheinenden Kaninchen eine ausgesprochene Nephritis und, trotzdem eigentlich lebende Bakterien aus den inneren Organen und dem Herzblute schon wieder verschwunden waren, erscheint es doch bei dem mikroskopischen Befunde an den Nieren nicht unmöglich, dass das Thier noch später den Folgen der nfection hätte erliegen können.

Die weiteren Versuche, die ich mit intravenöser Injection der gleichen Culturen ausführte, will ich nicht einzeln erörtern. Es würde dies nur eine Wiederholung des bisher Mitgetheilten darstellen. Dass in einem Theil der Fälle die Kaninchen diese Art der Infection überstanden, habe ich bereits erwähnt.

Versuche mit intraperitonealer und intrapleuraler Injection.

10. Versuch.

17. Januar 1890. Ein mittelgrosses Kaninchen erhält 1 cm^3 einer acht Tage alten B.-R.-C. in die Bauchhöhle.

19. Januar. Das Thier crepirt. Bei der Section findet sich in der Bauchhöhle eine geringe Menge trüber, serös-eitriger Flüssigkeit, die Därme zum Theile ganz leicht miteinander verklebt. Im Deckglaspräparat des Peritonealexsudates sowie des Herzblutes Bacillen sichtbar, u. zw. in ersterem in mässig reichlicher Anzahl, in letzterem vereinzelt. Das mikroskopische Präparat der Nieren zeigt parenchymatöse Degeneration. Aus dem Peritonealexsudat sowie aus dem Herzblut wurde der injicirte Mikroorganismus in Reinculturen gewonnen.

11. Versuch.

17. Januar 1890. Ein mittelgrosses Kaninchen erhält 1 cm^3 einer acht Tage alten B.-R.-C. in die Bauchhöhle.

20. Januar. Das Thier crepirt. Die Section ergibt nur ganz wenig trüber Füssigkeit in der Bauchhöhle, hingegen sehr ausgedehnte frische Verklebungen der Därme untereinander und mit dem Peritoneum parietale, stellenweise dünne Fibrinauflagerungen auf den Därmen. Nieren erbleicht. Die mikroskopische Untersuchung lässt nur im Abstreifpräparate vom Peritoneum Bacillen nachweisen. Abimpfung aus dem Herzblut und dem Peritoneum ergibt positives Resultat. Die histologische Untersuchung der Nieren ergibt ausgebreitete trübe

Schwellung des Epithels der Harncanälchen, stellenweise dasselbe nekrotisch, ebenso das Randschlingenepithel der Malpighischen Knäuel; vereinzelte geringe Rundzellenanhäufungen im interstitiellen Gewebe.

12. Versuch.

29. April 1890. Ein kleines Kaninchen erhält 1 cm^3 einer 14 Tage alten verdünnten G.-R.-C. in die Bauchhöhle.
2. Mai. Das Thier crepirt. Die Section ergibt am Peritoneum denselben Befund wie im 11. Versuch, Milzvergrösserung, erbleichte Nieren. Die bakteriologische Untersuchung ergibt nur in der Peritonealhöhle die injicirten Bakterien, während die vom Herzblut und den inneren Organen angelegten Culturen steril blieben. Die Nieren zeigten mikroskopisch trübe Schwelluug des Epithels der Harnkanälchen; letztere meist von körnigen Massen, seltener von Blut erfüllt. Keine interstitiellen Veränderungen.

13. Versuch.

13. Mai. Ein kleines Kaninchen erhält 1 cm^3 einer verdünnten drei Wochen alten G.-R.-C. in die Bauchhöhle.
16. Mai. Das Kaninchen crepirt. Es findet sich reichliches serös-fibrinöses Exsudat in der Bauchhöhle, ebenso in beiden Pleurahöhlen. Milz vergrössert. Nieren schlaff und bleich. Die bakteriologische Untersuchung weist die injicirten Bacillen im Peritonealcavum, Herzblut, Nieren, Urin nach.

Die histologische Untersuchung der Nieren zeigt ausser denselben Veränderungen wie im 12. Versuch auch noch häufig seröses Exsudat innerhalb der Bowman'schen Kapseln mit Compression der Glomerulusschlingen.

14. Versuch.

8. Juni. Ein kleines Kaninchen erhält $^1/_2$ cm^3 einer drei Tage alten B.-R.-C. in die Bauchhöhle.
9. Juni. Das Thier crepirt. Section ergibt ein aufgetriebenes Abdomen, in demselben ganz wenig trüb seröser Flüssigkeit, die Därme klebrig, zahlreiche subseröse Hämorrhagien aufweisend; acuter Milztumor. Im Herzblut einzelne Bacillen, im Abstreifpräparate vom Peritoneum massenhafte Bacillen; in der Milz zahlreiche Bacillen. Abimpfung vom Herzblut und den inneren Organen positiv. Die mikroskopische Untersuchung der Nieren ergibt parenchymatöse Degeneration.

Die hier angeführten Beispiele mögen genügen, um zu beweisen, dass die intraperitoneale Einverleibung des Proteus für Kaninchen tödtlich werden kann, dass sie nicht nur eine Entzündung des Peritoneums, sondern auch eine Allgemeininfection — Uebergang der Bakterien in die Blutbahn — herbeiführen kann. Aehnlich wie die hier geschilderten Fälle verliefen noch mehrere andere, während in einer kleineren Anzahl von Versuchen die Kaninchen die intraperitoneale Injection der Culturen — ich wandte niemals mehr als höchstens 1 cm^3 einer B.-R.-C. an — überstanden.

15. Versuch.

22. Februar. Ein mittelgrosses Kaninchen erhält 0·6 cm^3 einer vier Tage alten B.-R.-C. in die rechte Pleurahöhle.

24. Februar. Thier crepirt. Section ergibt eine rechtsseitige fibrinös-eitrige Pleuritis (im Deckglaspräparat massenhaft Bacillen), beiderseitige Verdichtung der Unterlappen, Milzvergrösserung. In Präparaten vom Herzblut und Milz Bacillen. Culturen aus Exsudat, Herzblut, Milz und Urin ergaben die injicirte Bakterienart in R.-C. Die mikroskopische Untersuchung der Nieren ergibt trübe Schwellung des Epithels der Harncanälchen, Randschlingen-Epithelnekrose an den Glomerulis, häufig Exsudation aus den Glomerulusschlingen.

16. Versuch.

22. Februar. Ein mittelgrosses Kaninchen erhält 0·6 cm^3 einer vier Tage alten B.-R.-C. in die rechte Pleurahöhle.

25. Februar. Das moribunde Thier wird getödtet und sofort secirt. Die Section ergibt ausser einem mässig hochgradigen acuten Milztumor mit erbleichten Nieren eine eitrige Infiltration entsprechend dem Injectionscanal (4. Intercostalraum), in der rechten Pleurahöhle nichts Besonderes, links Infiltration des Unterlappens und fibrinöse Auflagerungen auf dessen Pleura. Aus diesen, sowie aus der Milz und dem Herzblut geht das injicirte Bacterium in R.-C. auf. Die Nieren zeigten mikroskopisch das gleiche Bild, wie im vorigen Falle.

In diesem Falle erfolgte also eine ausgesprochene Allgemeininfection, und an der Impfstelle wesentliche Veränderungen: eitrige Infiltration im 4. ICR. Offenbar war nur wenig von der injicirten Cultur in die Pleurahöhle und der Hauptantheil in die äusseren (eitrig infiltrirten und massenhaft Bacillen enthaltenden) Schichten gelangt.

17. Versuch.

25. Juli. Ein kleines Kaninchen erhält 1 cm^3 einer verdünnten, zehn Tage alten G.-R.-C. in die rechte Pleurahöhle.

26. bis 29. Juli. Anscheinend gesund.

30. Juli. Getödtet. Section. In der rechten Pleurahöhle ein intensiv stinkendes, fibrinreiches Exsudat. Die rechte Lunge comprimirt und von dicken Fibrinschichten bedeckt. Das Perikard zeigt fibrinöse Auflagerungen. Links die Pleura nur injicirt. Kein Milztumor. Die mikroskopische Untersuchung ergibt im pleuralen Exsudat Bacillen in mässiger Menge, deren Lebensfähigkeit und Identität mit der injicirten Art durch Cultur bewiesen wird. Abimpfung von Blut und den inneren Organen mit negativem Erfolge. Die Nieren weisen mikroskopisch ziemlich hochgradige parenchymatöse Degeneration auf.

In diesem Falle war also eine ausgesprochene putride Pleuritis die Folge der Bakterieninjection in die Pleura gewesen, während eine Allgemeininfection ausblieb. Warum das Exsudat in diesem Falle putrid wurde, kann ich nicht angeben. Eine andere Bakterienart als die injicirte war im Exsudat nicht nachweisbar.

18. Versuch.

14. Januar. Ein kleines Kaninchen erhält 1 cm^3 einer 24 Stunden alten B.-R.-C. in die rechte Pleurahöhle.
16. Januar. Das Thier crepirt. Die Section ergibt eine rechtsseitige fibrinös eitrige Pleuritis mit vielen Bacillen im Eiter; ferner eine fibrinös-eitrige Pericarditis. Durch Cultivirung sind die injicirten Mikroorganismen in den Exsudaten, im Blut und den Nieren nachweisbar. Die mikroskopische Untersuchung der Nieren ergibt parenchymatöse Degeneration.

19. Versuch.

14. Januar. Ein kleines Kaninchen erhält 1 cm^3 einer 24 Stunden alten B.-R.-C. in die rechte Pleurahöhle (4. ICR).
15. bis 19. Januar. Anscheinend nicht krank.
20. Januar. Das Thier crepirt. Die Section ergibt: Rechterseits entsprechend der Injectionsstelle ein bis in die Schulterblattmusculatur sich erstreckendes, sulziges, blutig verfärbtes Oedem. Rechtsseitiges fibrinös-eitriges Exsudat mit Compression des Unterlappens. Geringer Milztumor; Nieren erblasst. Im Pleuraexsudat massenhaft Bacillen. Abimpfung von der Pleura positiv, von den inneren Organen negativ. Die mikroskopische Untersuchung der Nieren zeigt nebst parenchymatöser Degeneration auch zahlreiche kleine Rundzellenanhäufungen im interstitiellen Gewebe.

20. Versuch.

12. Juni. Ein kleines Kaninchen erhält 1 cm^3 einer sieben Tage alten B.-R.-C. in die rechte Pleurahöhle.

14 Juni. Crepirt. Section ergibt beiderseitige serös-hämorrhagische Pleuritis mit mässig vielen Bacillen; rechts mehr Exsudat als links.

Im Peritonealcavum etwas trüb seröser Flüssigkeit. Milz vergrössert. Der injicirte Proteus nur aus dem Pleuraexsudat züchtbar. Die Untersuchung der Nieren ergibt parenchymatöse Degeneration.

21. Versuch.

30. December 1890. Ein kleines Kaninchen erhält 1 cm^3 einer drei Wochen alten aufgeschwemmten A.-R.-C. in die Peritonealhöhle.
31. December bis 7. Januar 1891. Anscheinend gesund. Am 2. Januar sind im Urine durch Cultur die mit den injicirten identischen Mikroorganismen nachweisbar.
8. Januar. Kaninchen crepirt. Die Section ergibt in der Peritonealhöhle nur wenig trübe Flüssigkeit, hingegen viele grössere Eiterklumpen auf den grösstentheils untereinander verlötheten Därmen liegend, sowie auf dem Netze. Die Wand des Colon auf eine Strecke von beinahe 5 cm eitrig infiltrirt, die Mucosa nur an einer kleinen Stelle perforirt. Nieren erbleicht. In der Blase ein mässig viele Eiterkörperchen enthaltender Urin. In den Eiterklumpen der Peritonealhöhle und im Urin die injicirte Bakterienart in grosser Zahl und ohne fremde Beimengung nachweisbar. Hingegen erweist sich das Herzblut als bakterienfrei. Die mikroskopische Untersuchung des infiltrirten Darmes ergibt, dass die hauptsächliche eitrige Infiltration die Submucosa betrifft, während Mucosa, Muscularis und Serosa an der zelligen Infiltration weniger intensiv betheiligt sind. Die Nieren parenchymatös degenerirt, daneben nur einzelne Rundzellenanhäufungen im interstitiellen Gewebe aufweisend. — Zunächst ist es wohl zur Erklärung des Befundes am Darme wahrscheinlich, dass die injicirte Bakterienaufschwemmung wenigstens zum Theile direct in die Darmwand gelangt ist, da weder eine Infection vom Darmlumen her, noch von der Serosa aus, nachweisbar war. Ferner muss angenommen werden, dass jedenfalls von dem, dem Sectionsbefunde nach, ebenfalls inficirten Peritoneum Bacillen in die Blutbahn aufgenommen worden sind, da sie ja einige Tage nach erfolgter Injection in die Peritonealhöhle im Urine nachweisbar waren. Der Umstand, dass der Proteus eine derartige Eiterung der Darmwand hervorrufen kann — in diesem Falle wurde er durch Züchtung aus der infiltrirten Darmpartie gewonnen — ist deshalb von Interesse, weil er ja bekanntlich im Darminhalt häufig angetroffen wird.

22. Versuch.

25. Juli. Einem kleinen Kaninchen wird 1 cm^3 einer zehn Tage alten, verdünnten G.-R.-C. in den vierten rechten ICR[1]) eingespritzt. und zwar in der Absicht, in die Pleurahöhle zu injiciren.
26. bis 29. Juli. Anscheinend gesund.

---

¹) = Intercostalraum.

30. Juli. Getödtet bei anscheinend gesundem Zustand. Die Section zeigt, dass in der Pleurahöhle kein Erguss sich findet, dieselbe vielmehr vollkommen normale Beschaffenheit hat. Hingegen finden sich entsprechend der Injectionsstelle, sowohl in der Musculatur, als subpleural, Abscesse von Hanfkorngrösse. In der Umgebung der in der Musculatur gelegenen Abscesse sulziges Oedem. Abscesse finden sich ferner bis zu Hanfkorngrösse subpleural gelagert, entsprechend dem zweiten und neunten Intercostalraum, dicht neben den betreffenden Wirbelkörpern, ferner in grösster Anzahl über das Zwerchfell (subserös) zerstreut, grösstentheils reihenweise angeordnet, anscheinend dem Verlaufe von Lymphgefässen entsprechend. Netz, Mesenterium, Mesocolon, Magen- und Leberoberfläche tragen ebenfalls zahllose bis hirsekorngrosse Abscesse. In allen diesen Abscessen finden sich Bacillen, und zwar in den der Injectionsstelle entsprechenden zahlreiche, in den anderen spärliche; aus zahlreichen Abscessen wird durch Cultur die injicirte Bakterienart ohne jede fremde Beimengung gewonnen. Hingegen bleibt die Abimpfung vom Herzblut, sowie von den inneren Organen steril. Die mikroskopische Untersuchung zeigt nun, dass die mikroskopisch als Abscesse imponirenden Gebilde mit Eiter erfüllten Lymphgefässen entsprechen. Zwischen den Eiterkörperchen findet man spärliche Bacillen im Schnittpräparate.

Es erfolgte hier die Infection in das subpleurale Gewebe, von wo aus die Invasion der Bakterien in die Lymphbahnen erfolgte, in denen der Proteus offenbar einen geeigneten Boden fand. Wie ich bereits oben erwähnt habe, dürften die vereinzelt in die Blutbahn gelangten Bacillen dortselbst rasch vernichtet worden sein.

Subcutane Injection.

Die Versuche mit subcutaner Injection nahm ich derart vor, dass ich $\frac{1}{2}$ bis 1 cm^3 einer B.-R.-C. oder aufgeschwemmten A.-R.-C. an den verschiedenen Körperstellen injicirte. In den nächsten Tagen stellte sich stets eine Infiltration ein, die alle Charaktere einer entzündlichen an sich trug. Meist brach innerhalb von sechs bis acht Tagen das bis dahin zum Abscess umgewandelte Infiltrat auf und entleerte Eiter, indem ich mikroskopisch die injicirte Bakterienart in mässiger Menge, regelmässig aber dieselben durch Cultur als lebensfähig und in reinem Zustand vorhanden nachweisen konnte. Nur einmal entstand nach einer Injection von 1 cm^3 einer sieben Tage alten B.-R.-C. an der Ohrwurzel eine über den Hals hin sich erstreckende, eitrige Infiltration, durch welche das betreffende Kaninchen innerhalb von sechs Tagen zu Grunde ging. Mitunter bildet sich das schon zu ziemlicher Grösse entwickelte Infiltrat wieder zurück, doch konnte ich auch in einem solchen schon im Rückgange befindlichen Infiltrat noch 13 Tage nach der Injection den injicirten Proteus (in Reincultur) in fortpflanzungsfähigem Zustande nachweisen. Niemals konnte ich mit den von mir aus cystitischem Harne gezüchteten Proteusculturen Hautgangrän erzielen, ebensowenig auch mit den von Krogius mir überlassenen Culturen seines Urobacillus liquefaciens septicus. Ob diese Differenz in unseren Versuchsergebnissen auf dem höheren Alter seiner Culturen, zur Zeit, als sie mir zukamen, oder auf irgend welche Unterschiede in der Versuchsanordnung beruhen, muss ich unentschieden lassen. Auch mit den von einem jauchenden Carcinom der Mundhöhlenschleimhaut gewonnenen Proteusculturen konnte ich stets Infiltrationen erzeugen, die meist in wenigen Tagen zur Vereiterung führten. Niemals fand ich — wie Hauser — im Eiter andere Mikroorganismen, als die von mir einverleibten.

Injection in die Blase.

Bei diesen Versuchen wurde die Bakteriensuspension durch einen im Dampfkochapparat sterilisirten Katheter in die Blase injicirt. Die äussere Urethralmündung und ihre Umgebung wurde stets sorgfältigst gereinigt, hingegen auf eine Ausspülung der Urethra verzichtet, da ja, wie oben erwähnt, eine wirkliche Desinfection derselben nicht zu erzielen ist. Der Katheter wurde mit sterilisirtem Oele eingefettet; die zu diesen Versuchen verwendeten Kaninchen waren so gross, dass der Katheterismus immer spielend leicht gelang. Zur Entnahme des Urines bediente ich mich der einfachen Expression, die ich aus den bereits früher erwähnten Gründen dem wiederholten Katheterismus vorzog. Es hätte ja jeder neue derartige Katheterismus eine neue Infectionsgefahr mit Urethralbakterien gesetzt.

Für die grosse Mehrzahl der Versuche mit Injection in die Blase glaube ich jede Verletzung der Schleimhaut mit

Sicherheit ausschliessen zu können, da ja, wie erwähnt, der Katheterismus stets sehr leicht gelang und vorsichtig ausgeführt wurde. Daher betrachte ich die Effecte, welche diese Bakterieninjectionen in die Blase hervorriefen, als nur durch dieselben ohne Hinzuthun eines zweiten Momentes veranlasste. Eine Anzahl von Experimenten führte ich in der Weise aus, dass ich nach erfolgter Injection der Bakterienaufschwemmung in die Blase die Urethra auf eine — verschieden lange — Zeit ligirte.

23. Versuch.

23. Juli. Einem grossen Kaninchen wird 1 cm^3 einer verdünnten, acht Tage alten G.-R.-C. in die Blase injicirt. Der vorher exprimirte Urin frei von Formelementen.

24. Juli. Im exprimirten Urine mässig viele Eiterkörperchen. Anwesenheit der injicirten Bacillen wird mikroskopisch (Anzahl gering) und durch Cultur festgestellt.

25. bis 27. Juli. Befund, wie am 24. Juli.

28. Juli. Urin enthält viel mehr Eiter, der förmliche Klumpen bildet, in denen zahlreiche Bacillen nachweisbar sind. Das Kaninchen wird getödtet. Die Section ergibt Hyperämie der Blasenschleimhaut. Die bakteriologische Untersuchung ergibt die Anwesenheit des injicirten Bacillus in der Blase und in den Nieren, seine Abwesenheit in allen anderen Organen, sowie im Herzblut. Die mikroskopische Untersuchung der Niere ergab stellenweise kleinzellige Infiltration des interstitiellen Gewebes, die Anwesenheit eines serösen Exsudates zwischen Malpighischen Knäueln und Bowman'schen Kapseln an zahlreichen Stellen, ferner parenchymatöse Degeneration mässigen Grades. Die Untersuchung der Blasenschleimhaut ergab hochgradige, entzündliche Veränderungen. An einzelnen Stellen ist die ganze Schleimhaut von meist polynuclearen Leukocyten sehr dicht durchsetzt, an anderen Stellen ist sie nur weniger reichlich zellig, hingegen stark serös infiltrirt. In die Epithelschicht sind zahlreiche Eiterkörperchen eingelagert. Die Submucosa ist serös und stellenweise auch in geringem Masse zellig infiltrirt; ebenso ist das interstitielle Bindegewebe der Muscularis von Rundzellen durchsetzt. Im Epithel und in der subepithelialen Schichte finden sich in Schnittpräparaten vereinzelte Bacillen.

Hier hat also die einfache Injection von 1 cm^3 einer G.-R.-C. in die Blase eine heftige Blasenentzündung mit Eindringen der Bacillen in das Blasengewebe einerseits, Einwanderung in die Niere andererseits, hervorgerufen.

Eine acht Tage vorher demselben Kaninchen applicirte Injection derselben Menge von Staphylococcus aureus hatte absolut keine Folgen gehabt; der Urin war normal geblieben und die Staphylococcen waren schon am Tage nach erfolgter Injection nicht mehr im Urine nachweisbar gewesen.

24. Versuch.

23. Juli. Einem grossen Kaninchen, dessen Urin keine Formelemente enthält, wird 1 cm^3 einer verdünnten, acht Tage alten G.-R.-C. in die Blase injicirt.

24. Juli. Der exprimirte Urin enthält ziemlich viel Eiter.

25. Juli. Der exprimirte Urin enthält massenhaft Eiter, mässig viele Bacillen. Das Kaninchen wird getödtet. Die Section ergibt Hyperämie der Blasenschleimhaut; die Bacillen sind nur im Urin, nicht in den Nieren, anderen Organen und Herzblut nachweisbar. Die mikroskopische Untersuchung der Nieren ergibt ganz vereinzelte circumscripte Rundzellenanhäufungen im interstitiellen Gewebe. In der Blase findet sich sowohl die Epithelschicht, als die subepitheliale Schicht von Rundzellen reichlich (aber nicht so intensiv, wie im vorigen Falle) durchsetzt, im Lumen Epithel, Schleim und Eiter. — Auch in diesem Falle hat also die einfache Injection des Proteus in die Blase eine eitrige Cystitis hervorgerufen. Acht Tage vorher war ein analoger Versuch mit Staphylococcus aureus gemacht worden, der wie im vorerwähnten Versuch und entsprechend den Angaben Guyon's und Rovsing's negativ ausfiel.

25. Versuch.

25. Juli. Einem grossen Kaninchen wird 1 cm^3 einer zehn Tage alten G.-R.-C. in die Blase injicirt.

26. Juli. Im Urin viel Eiter.

28. Juli. Derselbe Befund. Es wird abermals 1 cm^3 derselben (13 Tage alten) G.-R.-C. in die Blase injicirt.

29. Juli. Sehr viel Eiter im Urin. Das Kaninchen wird getödtet. Bei der Section zeigt sich die Blase durch ganz leichte Adhäsionen mit der Umgebung verklebt, die Schleimhaut hyperämisch. Bacillen nur im Blaseninhalt nachweisbar. Die mikroskopische Untersuchung der Blasenschleimhaut ergibt eine geringe zellige Infiltration der Mucosa und Submucosa. — Hier hat eine wiederholte Injection des Bacillus in die Blase nicht nur eine Cystitis, sondern auch eine leichte Pericystitis (Adhäsionen) zur Folge gehabt.

26. Versuch.

4. Juni. Einem mittelgrossen Kaninchen wird 1 cm^3 einer 24 Stunden alten, verdünnten G.-R.-C. in die Blase injicirt.

5. Juni bis 2. Juli. Im Urin stets viele Eiterkörperchen, mässig zahlreiche Bacillen, deren Identität mit den injicirten durch Cultur festgestellt wird.

3. Juli. Das Thier crepirt. Die Section ergibt keinerlei wesentliche Veränderungen. Nur im Urine, nicht in der Niere und den anderen Organen waren die injicirten Bacillen nachweisbar. Die mikroskopische Untersuchung der Blasenschleimhaut ergab geringgradige kleinzellige Infiltration der Mucosa, insbesondere um die Gefässe. Einzelne Bacillen im Lumen und in der Epithelschichte (an Schnitten) sichtbar.

27. Versuch.

17. Juni. Injection von 1 cm^3 einer aufgeschwemmten, acht Tage alten A.-R.-C. in die Blase eines mittelgrossen Kaninchens.

18. Juni bis 28. Juni. Der Urin enthält, wiederholt untersucht, immer Eiterkörperchen in ziemlich grosser Menge, Bacillen in mässiger Menge.

29. Juni. Das Kaninchen crepirt. Die Section ergibt, abgesehen von einer Schwellung und Hyperämie der Blasenschleimhaut, nichts Pathologisches. Während Herzblut, Milz und Leber bakterienfrei gefunden werden, ergibt die Cultivirung aus dem Urin, sowie aus den Nieren, die Anwesenheit des in die Blase injicirten Proteus. Die mikroskopische Untersuchung der Nieren ergibt ausgebreitete, parenchymatöse Degeneration, vereinzelte und nur geringfügige Rundzelleninfiltrate im interstitiellen Gewebe. Die Untersuchung der Blase zeigt, dass das Epithel an einzelnen Stellen fehlt, an anderen eingelagerte Leukocyten enthält. Die subepitheliale Schichte reichlich von Rundzellen durchsetzt. Im Lumen sieht man Schleim, Epithelien und Eiterkörperchen. Im Lumen sind (an Schnittpräparaten) ziemlich viele Bacillen nachweisbar, einzelne in der Mucosa und Submucosa.

28. Versuch.

8. Juli. Einem mittelgrossen Kaninchen wird 1 cm^3 einer zwei Tage alten verdünnten B.-R.-C. in die Blase injicirt.

9. Juli bis 16. Juli. Der exprimirte Urin enthält täglich - massenhaft Eiterkörperchen, ziemlich viele Bacillen.

17. Juli. Das Kaninchen wird getödtet. Die Section ergibt ausser einer makroskopisch schon erkennbaren, mikroskopisch durch kleinzellige Infiltration der Mucosa sich charakterisirenden Cystitis nichts Besonderes. Bacillen nur im Blaseninhalt, und zwar in R.-C. nachweisbar.

Nur summarisch will ich einer grösseren Reihe von Versuchen Erwähnung thun, die genau, wie die eben erwähnten, angestellt wurden. Dieselben ergaben beinahe ausnahmslos das gleiche Resultat: ausgesprochene eitrige Cystitis vom Tage nach der Injection angefangen und stets mindestens eine Woche, oft länger andauernd. Nur in seltenen Fällen verlief die Injection resultatlos. Dass manchmal der Urin wieder frei von Formelementen wurde, während noch Bacillen in ihm nachweisbar waren, dass dies aber dann stets nur ein Latenzstadium darstellte, das häufig genug bald wieder durch erneute Eiterbeimengung zum Urine unterbrochen wurde, bemerkte ich bereits oben, ebenso die Thatsache, dass von einem sicheren Erloschensein der Cystitis erst dann die Rede sein konnte, wenn der Urin bakterienfrei geworden war. (Hier will ich einschalten, dass mir bei diesen Versuchen niemals eine Verunreinigung durch andere als die zur Injection verwendeten Bakterien unterlief; ich will nicht ausschliessen, dass dies vielleicht dem Umstande zuzuschreiben ist, dass einzelne, etwa aus der Urethra mit dem Katheter bei der Injection in die Blase verschleppte Mikroorganismen von dem in grosser Zahl injicirten und rasch sich vermehrenden Proteus überwuchert wurden.)

Nunmehr lasse ich eine Reihe von Versuchen folgen, in denen die Injection der Bakterien in die Blase sehr rasch zum Tode des Versuchsthieres führte.

29. Versuch.

27. Mai 1890. Ein mittelgrosses Kaninchen erhält 1 cm^3 einer verdünnten, zwei Tage alten B.-R.-C. in die Blase injicirt.

28. Mai. Das Thier crepirt. Bei der Section erweist sich die Blase als halb gefüllt, mit einem sehr viele weisse, ziemlich viele rothe Blutkörperchen und Blasenepithelien, sowie Bacillen enthaltenden Harn. Die Milz um ein geringes vergrössert. Die Cultivirung ergibt die Anwesenheit der injicirten Bakterienart in der Blase, in den Nieren und im Herzblut. Die mikroskopische Untersuchung ergibt in den Nieren parenchymatöse Degeneration, in vielen Harncanälchen das Vorhandensein granulirter Massen; an vielen Stellen körniges Exsudat zwischen den Malpighi'schen Knäueln und Bowman'schen Kapseln. Die Blasenschleimhaut erweist sich in der subepithelialen Schichte als reicher an Rundzellen als normal; auch zwischen die Epithelien sind Eiterkörperchen eingelagert. Am wesentlichsten verändert erweist sich jedoch die subseröse

Schichte, indem hier eine intensive, diffuse, kleinzellige Infiltration besteht und die hier verlaufenden Lymphgefässe von Eiter erfüllt sind. Es finden sich im Lumen und in der Epithel- und subepithelialen Schichte wenige Bacillen, zahlreiche hingegen in der subserösen Schichte (an Schnittpräparaten). Ob hier beim Katheterismus vielleicht eine oberflächliche Verletzung der Blasenschleimhaut erfolgt ist, möchte ich nicht mit Sicherheit entscheiden. Wie dem auch sei, sicher sind die injicirten Bakterien activ in die Tiefe — in das subseröse Lager — vorgedrungen, sind in die Blutbahn aufgenommen worden und haben eine tödtliche Allgemeininfection bewirkt.

30. Versuch.

27. Mai. 1 cm^3 einer verdünnten, zwei Tage alten B.-R.-C. werden einem mittelgrossen Kaninchen in die Blase injicirt.

28. Mai. Das Kaninchen crepirt genau 24 Stunden nach der Injection. Sectionsbefund, Beschaffenheit des Urines, wie im 29. Versuch. Auch hier geht aus dem Herzblut, dem Urin und den inneren Organen die injicirte Bakterienart in Reincultur auf. Mikroskopisch zeigt die Niere dieselben Veränderungen wie im vorigen Versuche. Die Untersuchung der Blase ergibt wieder mässig hochgradige, kleinzellige Infiltration der oberflächlichen Schichten, während in der subserösen Schichte sich neben seröser Durchtränkung serös-fibrinöses und fibrinös-eitriges Exsudat, ja an manchen Stellen sogar Gewebsnekrose findet. Es besteht also hier Blasenphlegmone. Im Schnittpräparate der Blase finden sich in den oberflächlichen Schichten nur spärliche Bacillen, sehr zahlreiche hingegen in der phlegmonösen Partie, woselbst sie meist in Haufen beisammen liegen.

31. Versuch.

2. Juli 1890. Einem mittelgrossen Kaninchen werden 2 cm^3 einer sehr verdünnten, zwölf Tage alten G.-R.-C. in die Blase injicirt.

3. Juli bis 6. Juli. Die Untersuchung des exprimirten Urins gibt einen starken Eitergehalt, Anwesenheit zahlreicher — mit den injicirten identischer — Bacillen.

7. Juli. Das Kaninchen crepirt. Die Section ergibt eine Verdichtung des rechten unteren Lungenlappens, Anwesenheit eines serofibrinösen Exsudates in der Peritonealhöhle, Milzvergrösserung, Schwellung der Blasenschleimhaut. Die Abimpfung aus dem Urin, Herzblut und Peritonealexsudat ergibt überall die Anwesenheit des injicirten Bakteriums in Reincultur. Die mikroskopische

Untersuchung der Niere ergibt dieselben Veränderungen, wie im 29. und 30. Versuch. Die Blase zeigt wieder in der subserösen Schichte intensive Veränderungen, indem dieselbe theils serös, theils kleinzellig infiltrirt ist, während die Epithelschicht und die subepitheliale Schichte nur relativ wenige Rundzellen enthalten. Auch die Bacillen zeigten wieder dieselbe Vertheilung, wie im 30. Versuche, d. h. sie fanden sich hauptsächlich in der subserösen Schichte, spärlich in der subephitelialen Schichte, zahlreich im Lumen.

32. Versuch.

2. Juli. 2 cm^3 einer mit der doppelten Menge sterilisirten Wassers verdünnten, zwölf Tage alten G.-R.-C. werden in die Blase eines mittelgrossen Kaninchens injicirt, wobei eine geringfügige Blutung erfolgt.

3. Juli. Das Kaninchen crepirt. Die Section ergibt geringe subpleurale und subperitoneale Ecchymosen. Milz kaum vergrössert. Blase leer, keine Ruptur oder sonstige Schleimhautverletzung sichtbar. Ureteren erweitert, mit blutigem, reichlich Bacillen enthaltendem Harne erfüllt. Nieren hyperämisch, Nierenbecken vielleicht etwas erweitert. Aus dem Herzblut, den Nieren, den Ureteren wird die injicirte Bakterienart in Reincultur gewonnen, ihre Anwesenheit in der Milz (in ziemlich grosser Anzahl) auch mikroskopisch festgestellt. In der Niere sind wieder die in den drei letzterwähnten Versuchen nachgewiesenen Veränderungen sichtbar.

Die Blasenschleimhaut zeigt in der Epithelschichte und subepithelialen Schichte geringe Rundzelleneinlagerungen, stärkere, besonders um die Gefässe, in der subserösen Schichte. Bacillen sind im Lumen in grosser Anzahl, in der subepithelialen Schichte in geringer Anzahl, in der subserösen Schichte in enormer Menge sichtbar.

In den letzten vier Versuchen ist als gemeinsames Moment auffallend: die Allgemeininfection von der Blase aus, sowie die vorzugsweise Localisation der Erkrankung der Blasenwand selbst in deren tiefster Schichte. Was zunächst das letztere Moment betrifft, so wird der Grund hiefür wohl darin zu suchen sein, dass der Proteus das Gewebe der Blasenwand rasch durchwanderte und so bald in das subseröse gelangt, welches seinerseits einer Ansammlung des serösen oder zelligen Exsudates geringere Hindernisse in den Weg legt, als die viel dichteren oberflächlichen Schichten.

Zur Erklärung des Umstandes, dass die in die Blase injicirten Bacillen in diese tiefe Schicht gelangen konnten, kann man entweder eine Verletzung der Schleimhaut beim inficirenden Katheterismus annehmen, oder eine Läsion des Epithels durch die Zersetzungsvorgänge in dem in der Blase angesammelten und inficirten Urin. Erstere Annahme ist besonders für jene Fälle, in denen dem Urine am Tage nach der Injection Blut beigemengt war, die näherliegende. Jedenfalls muss man aber weiterhin zugeben, dass der injicirte Mikroorganismus in die der schützenden Epitheldecke beraubte Schleimhaut nicht nur eingedrungen ist, sondern dieselbe auch bis in die tiefste Schichte durchwandert hat, bis er in dieser das geeignetste Terrain zu seiner Vermehrung und zur Entfaltung seiner schädlichen Wirkung gefunden hat. Dass er von hier aus — offenbar durch die Lymphbahnen — in die Blutbahn aufgenommen werden und weiterhin eine Allgemeininfection verursachen kann, wird uns mit Rücksicht auf die früher citirten Versuche — Injection in die Blutbahn — nicht Wunder nehmen.

33. Versuch.

19. April. Injection von 1 cm^3 einer verdünnten, vier Wochen alten G.-R.-C. in die Blase eines mittelgrossen Kaninchens.

20. April. Der exprimirte Urin enthält massenhaft Eiterkörperchen, viele Bacillen. Cultur ergibt die injicirte Art ohne Verunreinigung.

21. April bis 6. Mai. Nach und nach nimmt die Menge des im Urine enthaltenen Eiters ab, so dass am 6. Mai nur mehr wenige Eiterkörperchen zu finden sind. Das injicirte Bakterium bleibt stets nachweisbar.

7. Mai. Im Urin wenig Eiterkörperchen. Culturversuch ergibt Anwesenheit des am 19. April in die Blase injicirten Mikroorganismus. Injection von 1 cm^3 einer verdünnten, 14 Tage alten G.-R.-C. in die Blase.

8. Mai. Im Urine ziemlich viel Eiter, sehr viele Bacillen.

9. Mai. Das Kaninchen crepirt. Die Section ergibt eine geringe Schwellung in der Umgebung des Orificium urethrae externum. Die Schleimhaut der mässig gefüllten Blase leicht geschwellt und injicirt. Es bestehen lockere Adhäsionen zwischen Blase und Darm. Milz etwas vergrössert. Im Urin: massenhaft Eiter, ziemlich viele Bacillen.

Die bakteriologische Untersuchung weist die injicirte Bakterienart im Urin, Herzblut und den Nieren nach. Die mikroskopische Untersuchung ergibt in den Nieren mässig hochgradige parenchymatöse Degeneration, vereinzelte kleine Rundzellenanhäufungen im interstitiellen Gewebe. Die Blase weist Hyperämie und geringe zellige Infiltration der Mucosa auf, während die subseröse Schichte und das intermusculäre Bindegewebe serös und eitrig infiltrirt in hohem Grade erscheinen. In der Epithel- und subepithelialen Schichte sind an Schnittpräparaten nur einzelne Bacillen nachweisbar, grosse Mengen derselben jedoch in den tieferen, serös und eitrig infiltrirten Partien. — Dieser Versuch entspricht den vorhin angeführten vier Versuchen vollkommen und ich habe ihn nur deswegen von ihnen abgesondert, weil eine wiederholte Blaseninfection vorgenommen worden war.

Injection in die Blase und Urethralligatur.

34. Versuch.

11. December 1890. Einem grossen Kaninchen wird 1 cm^3 einer verdünnten, drei Wochen alten G.-R.-C. in die Blase injicirt.

12. December. Der Urin enthält massenhaft Eiter, viele Bacillen.

13—29. December. Der Urin stets reich an Eiter; Bacillen, u. zw. die injicirte Art in Reincultur in jeder entnommenen Urinprobe nachweisbar.

30. December. Der Urin enthält viel Eiter, mässig viele Bacillen; Abimpfung positiv. Es wird die Urethra ligirt, die Ligatur nach 18 Stunden abgenommen.

31. December. Der Penis zeigt enorme ödematöse Anschwellung. Der durch Expression gewonnene Urin stinkt entsetzlich, riecht deutlich ammoniakalisch und ist sehr trübe. Er enthält massenhaft Eiter, viel Blut und Sargdeckelkrystalle, sehr viele Bacillen. Das injicirte Bakterium in Reincultur nachweisbar.

1. u. 2. Januar 1891. Befund wie am 31. December.

3. Januar. Der Urinbefund wie gestern. Oedem des Penis hat bedeutend abgenommen. Das Kaninchen wird getödtet und sofort secirt. Die Blase erweist sich als von dicken Fibrinschichten bedeckt, im Lumen voll von blutig gefärbtem, stinkendem, ammoniakalischem Urin. Die Schleimhaut an einzelnen Stellen nur ödematös geschwellt, zum grössten Theile jedoch bis zu bedeutender Tiefe nekrotisch und incrustirt. Urethralschleimhaut etwas geschwellt.

Ureteren vielleicht etwas erweitert, Nieren hyperämisch.

Die bakteriologische Untersuchung ergibt Freisein der Nieren und des Herzblutes von Bakterien, während im Urin reichlich die injicirte Bakterienart in Reincultur nachgewiesen wird. Die mikroskopische Untersuchung ergibt in den Nieren nur geringe parenchymatöse Degeneration. Die mikroskopische Untersuchung der Blase ergibt folgendes Bild: Zunächst findet man eine nekrotische Schichte, deren Dicke die einer normalen Kaninchenblasenschleimhaut übertrifft und nicht nur die Mucosa sondern auch den grössten Theil der Muscularis ersetzt. Hierauf folgt ein Rundzelleninfiltrat, das zunächst der nekrotischen Schichte äusserst dicht ist, gegen die Aussenfläche der Blase zu an Intensität abnimmt, worauf man zur subserösen Schichte gelangt, in der man auch ein fibrinöses Netzwerk erkennen kann. Sowohl in der nekrotischen Schichte als in den tieferen Schichten lassen sich in Schnittpräparaten Bacillen in grosser Menge, in der nekrotischen Schichte oft in Haufen beisammen liegend nachweisen.

35. Versuch.

5. Juni. Mittelgrosses Kaninchen. Injection von 1 cm^3 einer acht Tage alten B.-R.-C. in die Blase. Hierauf Ligatur der Urethra.

6. Juni. Ligatur (nach 24 Stunden) abgenommen. Penis geschwellt und suffundirt. Das Kaninchen wird getödtet. Die Section ergibt: In der Peritonealhöhle eine geringe Menge klarer, seröser Flüssigkeit. Blase stark gefüllt mit trübem, sanguinolentem, ammoniakalisch stinkendem Urin. Derselbe enthält ziemlich viel Blut, massenhaft Eiterkörperchen und Sargdeckelkrystalle sowie Bacillen. Die Blasenwand stark verdickt, die Schleimhaut zumeist ödematös geschwellt und mit kleinen Hämorrhagien durchsetzt. An zahlreichen Stellen zeigt jedoch die Schleimhaut auch eine mehr oder weniger tiefgreifende Nekrose und ist an diesen Stellen stets intensiv incrustirt. Das perivesicale Gewebe sulzig ödematös. Die Ureteren ganz wenig erweitert. Nieren hyperämisch.

Die bakteriologische Untersuchung ergibt die Anwesenheit des injicirten Mikroorganismus nur in der Blase (u. zw. in Reincultur), Nieren, Herzblut und das sulzig-ödematöse perivesicale Gewebe erweisen sich als bakterienfrei.

Die mikroskopische Untersuchung ergibt in den Nieren nur geringe parenchymatöse Degeneration. Die Schnitte von der Blase zeigen je nach den Stellen, denen sie entstammen, verschiedenes Aussehen. Diejenigen Schnitte, die den weniger veränderten Blasenpartien entnommen sind, weisen eine mässig intensive kleinzellige Infiltration der Schleimhaut auf, vielfach auch fibrinöse Exsudation und Oedem in derselben. In den anderen Schnitten stösst man zunächst auf eine nekrotische Schichte, der ein Fibrinnetz mit eingelagerten Leukocyten folgt, worauf man in eine fast nur aus Eiterkörperchen zusammengesetzte Schichte gelangt, auf welcher dann die reichlich fibrinös-eitrig infiltrirte subseröse Schichte folgt. Sowohl in der nekrotischen als in der kleinzellig infiltrirten Schichte sind Bacillen in mässiger Anzahl nachweisbar.

36. Versuch.

3. Juli. 1 cm^3 einer zwei Tage alten B.-R.-C. wird einem grossen Kaninchen in die Blase injicirt und hierauf die Urethra ligirt.

4. Juli. Ligatur nach 12 Stunden abgenommen. Penis nur in geringem Grade ödematös geschwellt. Der exprimirte Urin ammoniakalisch stinkend, enthält massenhaft rothe und weisse Blutkörperchen, Sargdeckelkrystalle sowie Bacillen. Bakteriologische Untersuchung ergibt die injicirte Bakterienart in Reincultur.

5. u. 6. Juli. Keine Aenderung.

7. Juli. Urin enthält Blut, Eiter, Bacillen und Sargdeckelkrystalle in unverminderter Menge. Das Kaninchen wird getödtet. Section: Die Blase mit der vorderen Bauchwand, einer Colon- und einer Ileumschlinge fest verlöthet durch succulente Adhäsionen. Die Blasenwand sehr verdickt, die Schleimhaut stellenweise nur ödematös geschwellt und infiltrirt, stellenweise nekrotisch und incrustirt. Die Nieren makroskopisch unverändert. Die bakteriologische Untersuchung ergibt die Anwesenheit der injicirten Bakterienart in der Blase sowie in den Nieren, deren Abwesenheit im Herzblut. Die mikroskopische Untersuchung der Nieren ergibt ausgebreitete trübe Schwellung des Harncanälchenepithels, stellenweise Nekrose des Randschlingenepithels der Malpighi'schen Knäuel, Anwesenheit körniger Massen in vielen Harncanälchen, vereinzelte kleine Rundzellenanhäufungen im interstitiellen Gewebe. Die mikroskopische Untersuchung der Blase ergibt entsprechend den makroskopisch bereits als nekrotisch erkennbaren Partien eine bis in die Submucosa reichende Nekrose, während Muscularis und Subserosa reichlich kleinzellig infiltrirt erscheinen. An den weniger hochgradig veränderten Stellen findet sich eine kleinzellige und seröse Infiltration der Blasenwand in allen ihren Schichten. Bacillen sind im Gewebe verstreut sichtbar, u. zw. in der nekrotischen Schichte in ziemlich grosser Anzahl, in den anderen Partien ziemlich spärlich.

Die drei angeführten Experimente beweisen, dass die Injection des Proteus in die Blase mit darauffolgender Ligatur für die Dauer von 12—24 Stunden eine eitrige Cystitis mit Nekrose der Blasenwand hervorzurufen im Stande ist. Die tiefgehenden Veränderungen gelangen auch in den in zweien dieser Versuche constatirten Verlöthungen zwischen Blase und Darm, resp. Entstehung fibrinöser Auflagerungen auf die Blasenoberfläche zum Ausdruck. Derartige Versuchsresultate sind meines Wissens bisher noch nicht constatirt worden, trotz der vielfachen Experimente über die Wirkung von Bakterieninjectionen in die Blase mit darauffolgender Urethralligatur.[1]) Daher muss ich annehmen, dass die Intensität der Wirkung mit der angewendeten Bakterienart in ursächlichem Zusammenhang steht. Man könnte hier wohl an die nekrosirende Wirkung denken, die diesem Bakterium entsprechend den Versuchen Hajek's und Krogius' zuzukommen scheint. Wahrscheinlicher ist mir indess, dass die intensive Entwicklung von kohlensaurem Ammoniak hier das Entscheidende ist, indem ja diesem Stoffe bekanntlich das Gewebe nekrosirende Fähigkeiten zukommen. Dass im nekrosirten Gewebe die Bacillen reichlicher zu finden sind als in den infiltrirten umgebenden Partien, spricht natürlich durchaus nicht gegen die active Rolle, die diesem Mikroorganismus bei der Erzeugung des geschilderten Processes zukommt. In keinem der drei geschilderten Experimente erfolgte eine Allgemeininfection, nur einmal Einwanderung der Bakterien in die Niere.

In einer Reihe von Versuchen, in denen ich nach Injection in die Blase Urethralligatur für die Dauer von 6 -10 Stunden ausführte, erfolgte nur sehr heftige Cystitis ohne Nekrose der Schleimhaut. Die mikroskopische Untersuchung ergab nur mehr weniger hochgradige kleinzellige Infiltration der Schleimhaut und insbesondere der subserösen Schichte. Auch in diesen Fällen waren die injicirten Bacillen mitunter, jedoch

---

[1]) Nur der früher erwähnte Versuch Aufrecht's (Verschluss der Urethra mit Heftpflaster) ergab eine Entzündung der Blasenschleimhaut mit Nekrose, doch erfolgte hier keine directe Bakterieninjection in die Blase und ist die Aetiologie daher nicht vollkommen klargestellt.

nicht in der Mehrzahl der Versuche, in den Nieren (durch Cultur) nachweisbar. Wovon es jedoch abhängt, dass ab und zu, selbst nach einfacher Injection der Bakterien in die Blase, dieselben in die Nieren einwandern, während sie in anderen Fällen selbst nach vielstündiger Urethralligatur nur auf die Blase beschränkt bleiben, weiss ich nicht anzugeben.

Versuche mit dem Staphylococcus albus ähnlichen, Harnstoff zersetzenden, nicht pyogenen Coccus.

Einfache Injection in die Blase rief keinerlei Reaction hervor. Subcutane, intravenöse und intraperitoneale Injectionen von je 1 cm^3 einer B.-R.-C. verursachten keine pathologischen Erscheinungen.

37. Versuch.

9. December. Einem grossen Kaninchen wird 1 cm^3 einer acht Tage alten B.-R.-C. in die Blase injicirt, hierauf die Urethra ligirt.

10. December. Ligatur (nach 24 Stunden) abgenommen. Penis geschwellt. Urin ammoniakalisch, enthält massenhaft Eiterkörperchen, viele rothe Blutkörperchen. Das Kaninchen wird getödtet. Die enorm dilatirte Blase enthält ca. 200 cm^3 Urines von der eben geschilderten Beschaffenheit. Die Schleimhaut geringgradig geschwellt, enthält kleine Ecchymosen, zeigt nirgend Nekrose. Die bakteriologische Untersuchung ergibt die Anwesenheit der injicirten Coccenart in der Blase und in den Nieren, deren Abwesenheit im Herzblut. Die Nieren weisen keine wesentlichen Veränderungen (mikroskopisch) auf. Die Blase zeigt eine seröse Infiltration der Schleimhaut. Ausserdem sind in die Epithel- und subepitheliale Schicht zahlreiche Leukocyten eingelagert, das interstitielle Gewebe der Muscularis mässig, das subseröse Gewebe reichlich kleinzellig infiltrirt. Im Lumen Epithel und Eiter mit Coccen sichtbar. In der Epithelschichte sind Coccen mikroskopisch nachweisbar.

38. Versuch.

9. December. Einem grossen Kaninchen wird 1 cm^3 einer acht Tage alten B.-R.-C. in die Blase injicirt, die Urethra ligirt.

10. December. Ligatur nach ca. 18 Stunden abgenommen. Penis geschwellt. Im exprimirten, ammoniakalisch stinkenden Urin massenhaft Eiterkörperchen, viele rothe Blutkörperchen und Coccen. Cultivirung ergibt die injicirte Art in Reinculturen. Die Cystitis

dauerte mit beinahe unveränderter Intensität drei Wochen; nach diesem Zeitraum nahm der Eitergehalt des Urines rasch ab und wurde derselbe auch wieder bakterienfrei. Das Kaninchen wird zu anderen Versuchen weiter verwendet.

Die beiden angeführten Versuche beweisen das Zustandekommen einer eitrigen Cystitis durch Harnstoff zersetzende Bakterien, die an anderen Körperstellen derselben Thiergattung keinerlei pyogene Wirkung zu entfalten im Stande sind. Es liegt nahe, hier an eine directe Betheiligung der Zersetzungsproducte im Harne an dem Zustandekommen der Eiterung zu denken. Dasselbe gilt von dem nächstfolgendem Versuch.

Versuch mit dem Gelatine consumirenden, Harnstoff zersetzenden, nicht pyogenen Coccus.

39. Versuch.

5. April. Einem mittelgrossen Kaninchen werden 2 cm^3 einer 24 Stunden alten, verdünnten B.-R.-C. in die Blase injicirt, die Urethra ligirt.

6. April. Abnahme der Ligatur nach 18 Stunden. Penis ödematös. Im Urin massenhaft Eiterkörperchen, viele rothe Blutkörperchen, Coccen in grosser Menge.

7. April. Befund unverändert. Das Thier wird getödtet. Die Schleimhaut der Blase ödematös geschwellt. Sonst nichts Abnormes. Die bakteriologische Untersuchung ergibt die injicirte Coccenart im Urin in Reincultur; Herzblut und Nieren frei von Mikroorganismen. Die mikroskopische Untersuchung der Blase ergibt Ansammlung von Eiterkörperchen im Epithel, intensive kleinzellige Infiltration der Mucosa, Rundzellenanhäufungen um die Gefässe. Mässig hochgradige kleinzellige Infiltration der subserösen Schichte.

Versuche mit Streptococcus pyogenes (Harnstoff nicht zersetzend).

40. Versuch.

12. November. Einem mittelgrossen Kaninchen wird 1 cm^3 einer verdünnten B.-R.-C. in die Blase injicirt, die Urethra ligirt.

13. November. Ligatur nach 16 Stunden abgenommen. Im Urin massenhaft Eiter, viele Streptococcen. Die Eiterung aus der Blase dauert sechs Tage an.

41. Versuch.

11. Januar. Einem mittelgrossen Kaninchen wird 1 cm^3 einer verflüssigten G.-R.-C. in die Blase injicirt, die Urethra ligirt.

12. Januar. Ligatur wird nach 24 Stunden abgenommen. Penis hochgradig ödematös geschwellt. Im Urin mässig viele rothe Blutkörperchen, massenhaft Eiterkörperchen, zahlreiche Coccen in langen Ketten. Cultivirung ergibt Streptococcus pyogenes in Reincultur.

13—21. Januar. Der Urin enthält stets Eiter und Streptococcen.

22. Januar. Das Kaninchen crepirt. Die Section ergibt: Beiderseitige fibrinös-eitrige Pleuritis, fibrinös-eitrige Pericarditis, serös-eitrige Peritonitis, geschwellte Nieren, Milzvergrösserung, Schwellung der Blasenschleimhaut. In allen Exsudaten, im Herzblut und in der Milz mikroskopisch und durch Cultur der Streptococcus pyogenes (in Reincultar) nachweisbar. Die mikroskopische Untersuchung ergibt in den Nieren trübe Schwellung des Epithels der Harncanälchen, stellenweise Nekrose des Epithels der Malpighi'schen Knäuel, zahlreiche, zum Theil ziemlich grosse Rundzellenansammlungen im interstitiellen Gewebe und besonders um die Gefässe. Man findet in den Gefässen Streptococcen. Die Blase zeigt nur geringe entzündliche Veränderungen in der Mucosa. Streptococcen finden sich im Blasenlumen, in den Gefässen und im Gewebe in mässiger Menge.

Es erfolgte also hier von einer Streptococcencystitis aus jene tödtliche Allgemeininfection, die man sich entweder in der Art erklären kann, dass die Coccen von der Blasenschleimhaut aus direct in die Blutbahn aufgenommen worden sind oder dass sie, die Blasenwand durchdringend, das Peritoneum inficirten und von dort aus in die Blutbahn gelangten.